SAMUELE ROCCA - LUCA S. CRISTINI

LA BRIGATA EBRAICA

E LE UNITÀ EBRAICHE NELL'ESERCITO BRITANNICO DURANTE LA SECONDA GUERRA MONDIALE

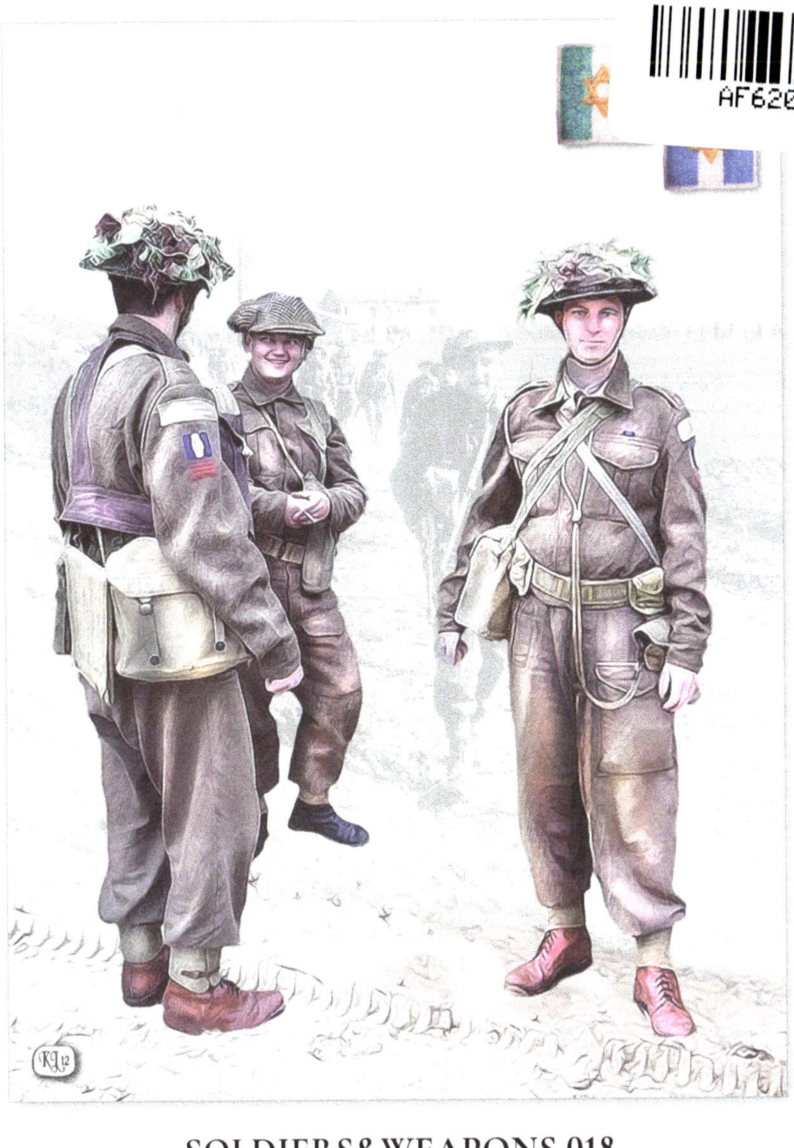

SOLDIERS&WEAPONS 018

AUTORI - AUTHORS:

Samuele Rocca, nato a Milano, vive tra Gerusalemme e Roma. Samuele, dopo il suo servizio militare in Zahal, le forze di difesa di Israele, ha completato il suo dottorato in storia alla Università di Bar Ilan, che è stato pubblicato con il titolo di "Herod's Judaea, A Mediterranean State in the Classical World" (Tübingen 2008). Samuele ha pubblicato inoltre vari articoli su numerose riviste ed enciclopedie, ed ha partecipato a numerose conferenze internazionali. Per il grande pubblico, Samuele ha pubblicato tre monografie presso Osprey.

Luca Stefano Cristini, bergamasco, appassionato da sempre di storia militare. Dirige da diversi anni riviste nazionali specializzate di carattere storico e uniformologico. Ha al suo attivo numerose collaborazioni con i principali editori di materie storiche come Albertelli, De Agostini, Mondadori (Focus) e Isomedia per varie loro pubblicazioni. Ha pubblicato un importante lavoro, su due tomi, dedicato alla guerra dei 30 anni (1618-1648) il primo mai stampato in Italia sull'argomento.
Luca Cristini ha al suo attivo molti titoli delle collane Soldiershop sia in qualità di autore che di illustratore.

NOTE EDITORIALI - PUBLISHING'S NOTE

SOLDIERS&WEAPONS

La principale delle nostre collane di libri. Dedicata alla storia militare, alle uniformi e alle armi dei grandi eserciti del passato. Basata su testi di 68-80 pagine, o 160 (special editions) con diverse tavole a colori nelle pagine centrali e molte illustrazioni in b/n.

RINGRAZIAMENTI - ACKNOWLEDGMENTS:

Vorrei offrire i miei ringraziamenti innanzitutto all'Imperial War Museum di Londra, la cui collezione fotografica rappresenta forse la migliore documentazione esistente riguardo l'ultimo conflitto mondiale. Molto utile mi è stato il contributo del Government Press Office, Israel. Prima di mancare mio cugino Boris Carmi mi lascio' varie foto della Campagna d'Italia, che ho scelto di pubblicare insieme al memoriale grafico pubblicato su uno degli albi dei veterani della 524 Field Survey Coy., R.E. I suoi racconti, insieme a quelli di mia nonna, che ricordava come se fosse ieri il giorno in cui i volontari dalla Terra di Israele si presentarono a casa sua a Milano, realizzando allora che l'incubo dell'orrore era veramente finito.

ISBN: 9788893272940 1a edizione : Novembre 2012 (1a ristampa Novembre 2017)

Title: Soldiers&Weapons 018 - **LA BRIGATA EBRAICA E LE UNITÀ EBRAICHE NELL'ESERCITO BRITANNICO DURANTE LA SECONDA GUERRA MONDIALE.** Di Samuel Rocca e Luca S.Cristini
Editor: Soldiershop publishing. Cover & Art Design: Luca S. Cristini.

In copertina : Brigata Ebraica di Combattimento, soldati semplici, Italia, marzo 1945.
Jewish Brigade Group, Privates, Italy March 1945

▸ **Volontariato ed Addestramento/Volunteering and Training** (immagini da 1 a 8)

1 – Parata di reclute nell'esercito britannico nelle stade di Tel Aviv, 1941 (Cortesia del Government Press Office, Israel).
1 - Parade of recruits to the British army in the streets of Tel Aviv, 1941 (Courtesy of Government Press Office, Israel).

PREFAZIONE - PREFACE

"For our generation the war years were the best time of our lives, not because these were war years, but because we were young." Neville Chuter

Durante la seconda guerra mondiale, non meno di 35.000 ebrei provenienti dalla Palestina, allora sotto mandato inglese, servirono nell'esercito britannico come volontari. All'inizio questi volontari si arruolarono come singoli, ma presto l'esercito britannico li inquadrò in compagnie autonome, completamente composte da ebrei. Verso la fine della guerra, nel settembre 1944, venne creata una Brigata Ebraica combattente, che servì con onore negli ultimi mesi di guerra sul fronte italiano. Intanto volontari ebrei provenienti dalla Palestina Mandataria servivano nelle più disparate unità dell'esercito inglese, in corpi non combattenti come i pionieri (Ausiliary Military Pioneer Corps), trasporti (Royal Army Service Corps), Genio (Royal Engineers), ma anche Artiglieria (Royal Artillery), Fanteria, il Palestine Regiment formato nel 1942, Commandos, Aviazione (Royal Air Force), Marina (Royal Navy), e naturalmente la Sanità (Royal Army Medical Corps).

I volontari ebrei della Palestina furono presenti in tutti i teatri bellici in cui combatté l'esercito britannico, dalla Francia nel 1940, Grecia e Creta nel 1941, nei deserti dell'Egitto e della Cirenaica dal 1940 fino al 1943, Etiopia nel 1941, Sicilia ed Italia dal 1943 al 1945. Inoltre vari dottori si trovarono ad operare in India, ed alcuni piloti volarono in missioni di combattimento contro i Giapponesi in Birmania. Varie compagnie di soldati ebrei provenienti dalla Palestina furono stanziate durante la guerra in Iraq, a Cipro, ed in Libano.

La Brigata Ebraica, attiva sul fronte italiano, dall estate del 1945 fino alla sua dissoluzione nel 1946 venne stanziata in Europa Nord-Occidentale, in Belgio. Tuttavia va fatto presente che l'arruolamento nell'esercito britannico non era una prerogativa maschile. La società egualitaria creata dai pionieri fece si che molte donne partirono volontarie in vari corpi ausiliari femminile, soprattutto dell'esercito (Auxiliary Territorial Service), ma anche l'aeronautica (Women Auxiliary Air Force). Inoltre, ai 35.000 volontari nell'esercito britannico, uomini e donne, vanno aggiunti non meno di 15.000 volontari nella JSP (Jewish Settlement Police), un unità della Palestine Police, il cui compito era proteggere gli insediamenti ebraici rurali da possibili attacchi di arabi, o da infiltratori. Di fatto la JSP divenne la vera e propria Home Guard della Palestina mandataria durante gli anni del secondo conflitto mondiale.

In totale non meno di 50.000 persone servirono nelle forze armate britanniche durante l'intero conflitto. Se si tiene conto che l'Yishuv, il nome dato all'insediamento ebraico nella Palestina Mandataria, contava non più di 500.000 persone nel 1939, è chiaro che non meno del 10% della popolazione prese parte direttamente al conflitto. Una media molto alta anche rispetto ad altre nazioni come la stessa Gran Bretagna e l'Unione Sovietica. Un numero che fa onore agli ebrei della Terra di Israele, non meno dei 550.000 ufficiali e soldati, G.I. ebrei, dell'esercito U.S.A., ai 500.000 soldati ebrei dell'Armata Rossa, o ai 60.000 ebrei, sudditi inglesi che servirono nell'esercito britannico.

Samuele Rocca

INDICE - CONTENTS :

Alla memoria di Boris Vinograd Carmi, 524 Coy, RE e di mia nonna Margherita Monico Wofsi.

CRONOLOGIA

1939 Settembre: Inizio dei negoziati tra Chaim Weizmann, presidente del congresso sionista ed il governo inglese per la creazione di una forza ebraica combattente, la "divisione ebraica", all interno dell'esercito britannico. I primi volontari ebrei si arruolano come singoli nel corpo dei pionieri ausiliari (AMPC) e nel RAMC, sia palestinesi, e cioè cittadini del Mandato inglese in Palestina, sia soggetti britannici.
Ottobre: Inizio del reclutamento regolare di personale specializzato per rinforzare le varie unità dell'esercito britannico, al momento dislocate in Palestina.
Dicembre: Inizio del reclutamento di compagnie miste ebraiche ed arabe nel corpo dei pionieri ausiliari (AMPC).

1940 Febbraio: I negoziati tra Weizmann e gli inglesi vengono interrotti. La prima compagnia del corpo dei pionieri ausiliari lascia il territorio mandatario alla volta della Francia.
Aprile: La seconda compagnia del corpo dei pionieri ausiliari lascia il territorio mandatario alla volta dell'Egitto.
Maggio: Ripresa dei negoziati tra Weizmann da un lato ed il governo inglese a Londra ed il Quartier Generale in Palestina dall'altro.
Giugno: La 401a compagnia del corpo dei pionieri ausiliari di stanza in Francia viene evacuata in Gran Bretagna, e di lì viene trasferita nel teatro d'operazione Medio Orientale.
Luglio: Inizio del reclutamento regolare per l'aviazione (RAF), e nelle unità di trasporti (RASC). Continua il reclutamento nel corpo dei pionieri ausiliari.
Settembre: Viene dichiarato aperto il reclutamento in compagnie di fanteria , che verranno aggiunte al 3° reggimento di fanteria (The Buffs).
Ottobre: Creazione del Commando 51.
Novembre: Le prime nuove compagnie di pionieri ausiliari e nelle unità di salmerie e trasporti (RASC) raggiungono l'Egitto.
Dicembre: Le prime unità di pionieri arrivano in Grecia come parte integrante del corpo di spedizione britannico in Grecia.

1941 Gennaio: Creazione della compagnia 1039 con il compito di fare funzionare porti militari (1039 Port Operating Company).
Febbraio: Le compagnie di trasporti vengono inviate nel Deserto Occidentale dove raggiungono le compagnie di pionieri ausiliari già presenti. Il Commando 51 viene inviato in Eritrea.
Marzo: Varie compagnie di pionieri ausiliari vengono inviate in Grecia. Battesimo del fuoco del Commando 51 a Keren, in Eritrea.
Aprile: La 5a compagnia di trasporti motorizzata partecipa all'assedio di Tobruk. Non meno di 1.500 membri delle compagnie dei pionieri ausiliari sono catturati dal nemico

► 2 – Reclute delle compagnie palestinesi dei Buffs in addestramento (Cortesia del Government Press Office, Israel).

2 – Buffs – Palestine recruits training (Courtesy of Government Press Office, Israel).

◄ 3 – Due trombettieri suonano la Diana nell'accampamento della 6a compagnia palestinese dei Buffs, Palestina 1941 (Cortesia del Government Press Office, Israel).

3 – Sound the bugle in the camp of the 6th Palestinian Company of the Buffs, Palestine 1941 (Courtesy of Government Press Office, Israel).

a Kalamata, durate lo sfacelo del corpo di spedizione britannico in Grecia.
Maggio: Evacuazione da Creta dei resti del corpo di spedizione britannico in Grecia. Altri 170 membri delle compagnie dei pionieri ausiliari sono catturati dal nemico.
Giugno: I primi ufficiali ebrei di origine palestinese sono nominati a livello di compagnia.
Ottobre: Manifestazione massiccia a favore del reclutamento dei membri dell'Yishuv (3-10-1941).
Dicembre: I primi volontari nell'aviazione (RAF) vengono inviati in Estremo Oriente. La 5a compagnia per il trasporto d'acqua arriva a Bengasi.

1942 Gennaio: Inizio del reclutamento nelle compagnie del servizio ausiliario femminile. Scioglimento del Commando 51. I vari volontari vengono dispersi in differenti unità.
Marzo-Maggio: Inizio del reclutamento nella Royal Navy (RN). Creazione di un unità di commando formata da volontari, immigranti e profughi provenienti dalla Germania Nazista meglio conosciuta come SIG (Special Interrogation Group).
Giugno: Creazione di un centro di reclutamento nazionale e promulgazione da parte dell'Agenzia Ebraica dell'ordine di arruolamento volontario nell'esercito inglese.
Luglio: La Compagnia 462a RASC prende parte alla battaglia di El-Alamein. L'arruolamento volontario durante il mese di luglio raggiunge il massimo.
Agosto: Creazione del Palestine Regiment, soprannominato "Reggimento Cinque Piastre". Sui quattro battaglioni che costituiscono il reggimento, tre sono composti da ebrei, ed uno da arabi.
Novembre. Varie compagnie di trasporti (RASC) prendono parte nelle battaglie per la conquista della Cirenaica. Vengono creati il primo e secondo battaglione del Palestine Regiment.
Dicembre: La compagnia "Checkers" viene stanziata in Iraq.
1943 Gennaio: Ripresa del reclutamento nell'aviazione reale (RAF). Scelta dei primi volontari per addestramento come piloti.
Febbraio: La compagnia di stivatori (Stevedore Company) viene inviata a Tripoli. Pubblicazione di un regolamento

▲ 4 – Una compagnia palestinese dei Buffs in marcia. Sullo sfondo vi sono le mura della città vecchia di Gerusalemme, Palestina 1941 (collezione dell'autore).

4 –A Palestinian Jewish Company of the Buffs marches past the walls of Jerusalem, Palestine 1941 (Author's Collection).

► 5 - Una compagnia palestinese dei Buffs in addestramento con l'elmetto e la maschera antigas, probabilmente a Sarafand (Cortesia del Government Press Office, Israel).

5 – A company of the Buffs – Palestine, training with helmet and gas mask, probably Serafand (Courtesy of Government Press Office, Israel).

discriminatorio contro imboscati da parte dell'Agenzia Ebraica. La 22a compagnia dei trasporti (RASC) viene inviata in Egitto. Accordo tra l'Agenzia Ebraica e lo Special Operation Executive (SOE) per l'invio di agenti speciali nei Balcani (15-1-1943).
Aprile: Proclamazione dell'arruolamento nel corpo ausiliario femminile dell'aviazione reale (WAAF). La tensione tra l'Agenzia Ebraica ed il governo mandatario sfocia nella chiusura di uffici di reclutamento in tutto il territorio del Mandato (29-4-1943).
Maggio: La 462a compagnia RASC perde 148 dei suoi membri, quando la nave che li trasporta viene silurata ed affondata. Le compagnie di trasporti 178a e 468a vengono inviate a Malta. Il primo gruppo di agenti speciali dello SOE viene mandati in Egitto, dove prende parte ad un corso di paracadutismo. Peretz Rosemberg viene paracadutato nella Iugoslavia occupata dalle forze dell'Asse.
Giugno – Luglio: Gli uffici dell'Agenzia Ebraica riprendono le attività di reclutamento volontario.
Il 2° battaglione del Palestine Regiment è stanziato a Bengasi. Il 3° battaglione del Palestine Regiment completa gli effettivi.
Settembre: Quattro compagnie di trasporti (RASC) prendono parte allo sbarco a Salerno. L'unità Map Depot degli ingegneri reali (RE) viene stanziata a Bari. Liova Gukovsky e Arieh Fichman agenti speciali dello SOE vengono paracadutati in Romania, ma vengono catturati.
Ottobre: La rivolta della bandiera del 2° battaglione del Palestine Regiment.
Novembre: Il 2° battaglione del Palestine Regiment inizia un addestramento specializzato a El-Abiar. Protesta del distintivo (Badge Protest) del 1° e 3° battaglione del Palestine Regiment. La batteria anti aerea dell'artiglieria reale (RA) viene stanziata a Cipro.
Dicembre: La 739a compagnia degli ingegneri reali (RE) arriva in Italia. Le compagnie 178a e 468a del corpo dei trasporti (RASC) vengono anche esse stanziate nel teatro d'operazioni italiano.

1944 Febbraio: Ripresa dei negoziati tra l'Agenzia Ebraica ed il governo inglese per lo stabilimento di una forza di combattimento ebraica. Il 1° battaglione del Palestine Regiment viene inviato in Egitto. Altre compagnie del corpo trasporti (RASC) e degli ingegneri reali (RE) vengono inviate sul fronte italiano. La 650a compagnia dei trasporti (RASC) partecipa allo sbarco ad Anzio, e prende parte ai vari scontri come parte della testa di ponte alleata.
Marzo: Un gruppo di agenti speciali del SOE, addestrati come paracadutisti, parte dell'aiuto britannico ai partigiani iugoslavi, viene inviato in Ungheria ed in Romania. Maggio: Il primo gruppo del corpo ausiliario femminile (ATS) arriva in Italia. Enzo Sereni, agente speciale dell'SOE viene paracadutato nell'Italia Centrale, vicino a Firenze, ma viene catturato dal nemico.
Giugno: Gli agenti speciali dello SOE Hanna Senesh, Yoel Palgi, e Peretz Goldstein sono catturati in Ungheria.
Luglio: Iniziano i negoziati tra l'Agenzia Ebraica ed il Governo di sua maestà per la creazione di una Brigata Ebraica, composta da volontari provenienti dalla Palestina. Altri agenti speciali dello SOE vengono paracadutati in Romania.
Settembre: La creazione della Brigata Ebraica di Combattimento (Jewish Brigade Group) viene annunciato da Churchill alla House of Commons il 20 settembre 1944.
Ottobre: I tre battaglioni ebrei del Palestine Regiment vengono riuniti a Burg el Arab, in Egitto, e vengono sottoposti ad un addestramento come l'unità di fanteria della nuova costituita Brigata Ebraica. Un gruppo di agenti speciali dell

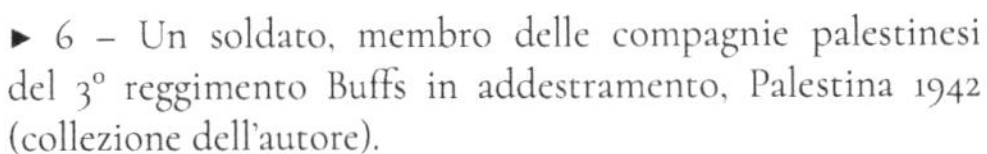

► 6 – Un soldato, membro delle compagnie palestinesi del 3° reggimento Buffs in addestramento, Palestina 1942 (collezione dell'autore).

6 – A private of the Palestinian Companies, the Buffs, Palestine 1942 (Author's Collection).

SOE viene paracadutato in una zona della Slovacchia in cui operano gruppi di partigiani. Tra di loro vi è Haviva Reich.
Novembre: La Brigata Ebraica sbarca a Taranto.
Dicembre: La Brigata Ebraica viene sottoposta ad un rigoroso addestramento invernale a Fiuggi, negli Appennini, per prepararsi al combattimento sul fronte italiano.

1945 Gennaio: La prima marcia di prigionieri di guerra (POW) ebrei provenienti dalla Palestina dai campi di detenzione (Stalag) verso Ovest. La 544a compagnia di trasporti (RASC) sbarca nel sud Italia.
Marzo: La Brigata Ebraica ha il battesimo del fuoco sul fronte del Senio, nel settore di Alfonsine, vicino a Ravenna.
Aprile: La Brigata Ebraica combatte sul fronte del Senio nel settore di Brisighella. I primi rinforzi raggiungono la Brigata Ebraica.
Maggio: Varie compagnie di trasporti (RASC) e degli ingegneri reali (RE) vengono inviate nell'Italia del nord. I primi prigionieri di guerra (POW) provenienti dalla Palestina oramai liberati vengono raccolti nel campo di transito situato a Newcastle in Gran Bretagna. La Brigata Ebraica è stanziata sul Passo del Tarvisio, al confine tra l'Italia e l'Austria. La Brigata Ebraica ed il resto delle unità ebraiche in Europa aiutano i sopravvissuti dell'Olocausto. Inizio delle attività del Nakam, un gruppo creato da ufficiali e soldati della Brigata Ebraica, rivolte alla ricerca dei criminali di guerra nazisti. Inizio della smobilitazione dei prigionieri di guerra (POW). La 405a compagnia di trasporti (RASC) viene trasferita dalla Libia all'Egitto. Le varie compagnie di trasporti (RASC) e degli ingegneri reali (RE) vengono dislocate nell'Italia del Nord.
Giugno: Pubblicazione del programma di smobilitazione. Il primo gruppo di soldati smobilitati lascia l'Europa per la Palestina. La Brigata Ebraica viene trasferita dall'Italia al Belgio, e viene stanziata a Tournai. La 650a compagnia di trasporti (RASC) viene trasferita a Bologna, le compagnie 745a e 462a a Milano, le compagnie 179a e 738a vengono trasferite a Venezia.

1946 Smobilitazione della Brigata Ebraica.

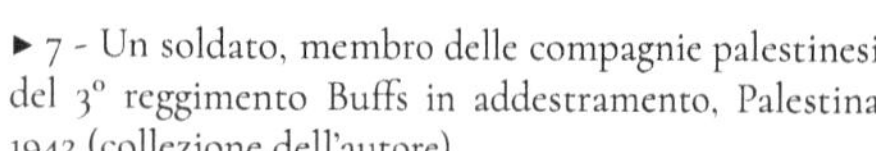

► 7 - Un soldato, membro delle compagnie palestinesi del 3° reggimento Buffs in addestramento, Palestina 1942 (collezione dell'autore).

7 - A private of the Palestinian Companies, the Buffs Regiment training, Palestine 1942 (Author's Collection).

►► 8 – Un plotone formato da veterani della Legione Ebraica, Palestina 1942 (collezione dell'autore).

8 – A platoon composed by veterans of the Jewish Legion, Palestine 1942 (Author's Collection).

L' INIZIO DEL VOLONTARIATO E LA GUERRA NEL DESERTO

1. I PRIMI VOLONTARI

Il 29 agosto 1939, tre giorni prima dello scoppio della guerra, Weizmann, allora presidente dell'Organizzazione Sionista Mondiale (WZO), si trovava a Ginevra in Svizzera, dove dirigeva il 21° Congresso Sionista Mondiale. L'argomento che veniva discusso era chiaramente il Libro Bianco, di cui i vari gruppi politici ne chiedevano l'immediata abolizione, soprattutto tenendo conto della situazione in Europa. I recenti accordi Ribbentrop-Molotov avevano fatto altresì palese che lo scoppio di una guerra era imminente, probabilmente questione di settimane, forse di giorni. Weizmann quindi non esitò a scrivere al premier inglese Chamberlain che "*gli ebrei erano al fianco della Gran Bretagna*", e che l'Yishuv era pronto ad ogni possibile contributo per la causa dell'Intesa. Poi il 1 settembre la Germania invase la Polonia. Il 3 settembre, appena la Gran Bretagna dichiarò guerra alla Germania nazista insieme alla Francia, sia l'Agenzia Ebraica che il Vàad Leumi aprirono il reclutamento di volontari. Non meno di 130.000 persone, uomini e donne risposero positivamente all'appello. Poiché l'amministrazione mandataria non rispose, Weitzmann, vista la risposta entusiasta dell'Yishuv, si rivolse direttamente a Chamberlain, proponendo la creazione di una forza ebraica combattente, che avrebbe potuto ammontare ad una divisione. Questa "divisione ebraica", avrebbe combattuto all interno dell'esercito britannico, ma sotto una sua propria bandiera. Insomma Weitzmann, riproponeva la creazione di un qualcosa di simile alla Legione Ebraica, creata durante la prima guerra mondiale. Ma da allora, molto era cambiato. Se ancora durante la Grande Guerra, la fanteria era la componente più importante di ogni esercito, e non a caso i battaglioni ebraici, erano parte dei Royal Fusiliers, un reggimento di fanteria, tra le due guerre alla fanteria si erano oramai affiancati, oltre la tradizionale artiglieria, anche mezzi corazzati, e naturalmente l'aviazione. Seppure il rapporto tra soldati in unità di combattimento, e soldati impegnati in unità di sostegno non era ancora arrivato al rapporto di uno a dieci, raggiunto solo verso la fine della guerra, era però chiaro a Weizmann, che in questo conflitto la formazione di unità di fanteria era auspicabile ma non sufficiente. Quindi da qui la richiesta di formare una divisione, che oltre alla fanteria avrebbe anche incluso unità ancillari di supporto.

Di fatto, mentre sia l'amministrazione mandataria sia il governo di Chamberlain tergiversavano, i sudditi britannici che vivevano nel Mandato, si presentavano alle armi. Uno dei primi fu David Herbert Samuel, nipote di Sir Herbert Samuel, il primo alto commissario per la Palestina inviato dal governo di Londra. Già il padre, Edwin Samuel aveva servito nella Legione Ebraica durante il primo conflitto mondiale, e si era stabilito in Palestina. David, studente al Balliol College di Oxford, si presentò volontario nella Royal Artillery, dove raggiunse il grado di capitano. David Samuel, terzo visconte Samuel, servì durante la guerra in India, Birmania, e Sumatra contro i Giapponesi.

Anche i due figli di Weizmann, che vivevano in Gran Bretagna, si presentarono volontari. Il maggiore era un ufficiale della Royal Artillery, e poiché in parte invalido, diresse per tutta la durata della guerra una batteria anti aerea in Inghilterra. Il minore invece, già qualche anno prima della guerra si era presentato come volontario nella

Royal Air Force, dove aveva presto ottenuto le ali di pilota e serviva come ufficiale di riserva. Assegnato al 502° Squadrone di Caccia, il tenente di volo Michael Weizmann venne ucciso sulla Baia di Biscaglia nel 1942, quando il suo aereo venne abbattuto. Aveva venticinque anni.

Chaim "Vivian" Herzog, futuro generale e presidente dello stato di Israele, era il figlio del Capo Rabbino Ashkenazita della Palestina Mandataria, il Reverendo Rabbi Isaac HaLevi Herzog. Nato in Irlanda, dove il padre esercitò le funzione di Capo Rabbino dal 1919 al 1937, e quindi suddito britannico, emigrò in Palestina nel 1935. Herzog divenne subito membro dell'Haganah, dove si prestò a domare i disordini causati dalla Grande Rivolta Araba. Lo scoppio della guerra lo colse a Londra, dove si era appena laureato in legge al University College di Londra, e si era appena qualificato come barrister. Herzog si arruolò immediatamente nell'esercito britannico, dove iniziò la sua prestigiosa carriera come sottotenente nelle Irish Guards, ovviamente. In seguito seguì un corso e nel 1943 passò all'Intelligence Corps. Dal 1944 al 1945, servì come capitano dell'Intelligence Corps in una divisione corazzata.

Partecipò alla battaglia di Normandia, e alla sfortunata impresa di Arnhem. Nel 1945 in Germania, la sua divisione prese parte attiva alla liberazione dei campi di concentramento. Fu nell'aprile del 1945, che riuscì ad identificare e catturare Heinrich Himmler. Vivian Herzog si congedò nel 1947 con il grado di maggiore.

Non c'è dubbio che la figura più importante tra i sudditi britannici che vivevano in Palestina era il maggiore Frederick Kisch, dei Royal Engineers. Nato in India nel 1888, dove il padre occupava una posizione di tutto rispetto nell'amministrazione inglese, Kisch indubbiamente assomigliava ad una di quelle figure uscite da uno dei libri di Kipling. Ufficiale di carriera nei Royal Engineers, si graduò nella Royal School of Military Engineering ad Aldershot. Partecipò alla Grande Guerra e servì prima in Francia e poi nel Medio Oriente.

Kisch concluse la guerra con il grado di maggiore. Nel 1919 Kisch venne nominato membro della delegazione britannica alla conferenza di pace a Versailles. Convinto sionista, si stabilì nella Palestina mandataria nel 1923. Tra il 1923 ed il 1931 servì come membro della commissione del movimento sionista, il cui scopo era sviluppare la regione intorno a Gerusalemme. La sua posizione gli permise sovente di servire da tramite tra i bisogni dell'Yishuv e le esigenze dell'esercito inglese, di cui era membro. Kisch godeva anche dell'amicizia personale dello Sceriffo della Mecca Hussein, il promotore della Rivolta Araba contro i turchi, insieme a Lawrence d'Arabia e del figlio Abdallah, Emiro di Trangiordania. Nel maggio 1939 venne gravemente ferito, quando l'aereo in cui si trovava in volo da Alessandria a Città del Capo, ebbe un incidente. In settembre, ancora convalescente, e di ritorno dal Sud Africa, dove aveva raccolto fondi per il Keren Kayemeth, si fece immediatamente volontario e venne reintegrato con il grado di maggiore nei Royal Engineers.

La campagna di Grecia /The Campaign of Greece

▲ 11 - Alcuni soldati appartenenti alle compagnie palestinesi dei pionieri reali (AMPC) si rifugia in una cantina, Creta 1941 (Cortesia del Government Press Office, Israel).

11 – Some soldiers belonging to the Palestinian companies of the AMPC took refuge in a cave, Crete 1941 (Courtesy of Government Press Office, Israel).

◄ 9 – Una compagnia mista dei pionieri reali (AMPC) sbarcano al porto del Pireo in Grecia, 1941 (Cortesia del Government Press Office, Israel).

9 – A mixed company of the AMPC land at the Piraeus, in Greece, 1941 (Courtesy of Government Press Office, Israel).

◄◄ 10 – Un gruppo di soldati appartenenti alle compagnie palestinesi dei pionieri reali (AMPC) marcia per le strade di Atene, 1941 (Cortesia del Government Press Office, Israel).

10 – A group of soldiers belonging to the Palestinian companies of the AMPC marches through the streets of Athens, 1941 (Courtesy of Government Press Office, Israel).

In seguito alla conquista di Bengasi, tolta agli italiani da parte della 6a Divisione Australiana, Kisch venne nominato governatore militare e promosso al grado di colonnello. Tuttavia i talenti di Kisch non erano tanto nell'amministrazione ma nell'ingegneria. Prima Auchinleck e poi Montgomery lo ebbero vicino, e con la formazione dell'Ottava Armata, Kisch venne nominato primo ingegnere. Kisch si accorse poco prima della battaglia di El-Alamein che i soldati dell'esercito britannico che si trovavano in prima linea mancavano di acqua potabile.

In pochi giorni Kisch riuscì a realizzare un immensa rete di tubature di acqua potabile, che assicurò un servizio continuo ai soldati. Kisch venne conseguentemente promosso al grado di Brigadiere Generale.

In seguito Kisch si unì all'Ottava Armata prima in Cirenaica, ed in seguito in Tunisia. Il Brigadier Generale Frederick Kisch infine trovò la morte in un incidente causato dallo scoppio di una mina nei pressi di Enfidaville in Tunisia nell'aprile 1943.

L'esercito alleato era a soli 100 chilometri da Tunisi. La morte di Kisch, che occupava il grado più alto nell'esercito britannico causò un estrema costernazione tra i membri dell'Yishuv, e la bandiera venne abbassata a mezz'asta davanti all'edificio dell'Agenzia Ebraica a Gerusalemme.

Non c'è dubbio che la figura più interessante e pittoresca fu quella di George Ernest Gordon, l'unico pilota "israeliano" presente alla Battaglia di Inghilterra. Nato a Haifa nel 1920, figlio di sudditi britannici, Sidney e Bida Goodman.

Nel 1939, quando i genitori, il padre era un diplomatico, vennero trasferiti a Lagos, George venne inviato in Inghilterra, dove venne educato nel College di Highgate. All'inizio del 1939 si graduò in un corso di volo nella RAF, e con lo scoppio della guerra, Goodman raggiunse la squadriglia di Hurricane, Squadron No. 1, in Francia. Partecipò quindi all'abbattimento di un bombardiere nemico e da solo abbatté pochi giorni dopo un altro velivolo dello stesso tipo. Con la caduta della Francia, nel maggio 1940, la sua squadriglia venne stanziata a Northolt, e nei cieli di Francia abbatté altri quattro aerei. In seguito partecipò alla Battaglia di Inghilterra.

Il 18 agosto il suo aereo fu colpito, ma riuscì ad atterrare senza troppi danni. Il 6 settembre George venne nuovamente colpito, ma Goodman riuscì a paracadutarsi, rimanendo leggermente ferito. Durante la Battaglia di Inghilterra, Goodman abbatté ben sei aerei nemici, sia da caccia che da bombardamento.

Quando al termine della Battaglia di Inghilterra la Luftwaffe iniziò a bombardare Londra in maniera massiccia, a Goodman venne accreditato l'abbattimento di altri due bombardieri, e meritatamente il 26 novembre 1940 fu decorato con la Distinguished Flying Cross. Lo stesso mese, venne trasferito ad un altra squadriglia, il 73° Squadron, stanziato nel Medio Oriente. Attivo nei cieli di Tobruk nel febbraio del 1941, gli vennero accreditati ben tre aerei, di cui uno italiano. In aprile poté ottenere una licenza, e visitò le due sorelle a Haifa. Il 14 giugno del 1941 il suo aereo veniva abbattuto dalla Flak sopra Gazala.

2. I PIONIERI AUSILIARI (AMPC)

L'amministrazione mandataria decise di aprire uffici di reclutamento solamente nell'ottobre 1940. Vi erano però due cavilli imposti dalle autorità mandatarie, primo: che l'arruolamento avvenisse su base individuale e non collettiva. Secondo: che ad ogni volontario ebreo fosse dovuto corrispondere un volontario arabo. Questo risultò nella formazione di compagnie miste di arabi ed ebrei nel corpo dei pionieri ausiliari, o Auxiliary Military Pioneer Corps. Sono necessarie due parole su questo corpo in cui confluirono la maggior parte dei volontari nei primi due anni di guerra. Questo corpo traeva la sua origine in battaglioni di pionieri formati all'interno di reggimenti di fanteria durante la prima guerra mondiale. Nel 1917 in Francia, venne creato il Labour Corps, che venne disciolto però nel 1919. Nel settembre del 1939 un gruppo di riservisti, provenienti da unità di fanteria e da unità di cavalleria venne irreggimentato in compagnie di lavoro, che presero il nome di Auxiliary Military Pioneer Corps. Oltre all'Inghilterra, altre compagnie di Pionieri Ausiliari vennero arruolate in Africa, nelle Mauritius, in India, e naturalmente in Palestina. I pionieri ausiliari eseguirono una vasta gamma di attività in tutti i teatri di guerra. Queste attività andavano dalla gestione di tutti i tipi di magazzini e depositi, alla posa di piste prefabbricate sulle spiagge e persino ad assistere il servizio medico come barellieri nelle retrovie. In generale però il compito principale dei pionieri ausiliari era la costruzione di aeroporti, strade e ponti, sotto la guida di ufficiali del genio (RE). Tra le attività più note e performanti dei pionieri ausiliari vi fu la costruzione del porto artificiale Mulberry, in seguito all'apertura della testa di ponte in Normandia nel giugno del 1944 e l'attivazione di tubature sotto l'oceano (Pluto - Pipe Line Under the Ocean). L'importanza e soprattutto l'utilità di questo corpo era assai considerata dallo stato maggiore inglese. D'altra parte per i volontari dell'Yishuv, il fatto di servire in un corpo ausiliario e non in una prestigiosa unità combattente era deludente. Inoltre, l'inizio dell'arruolamento cominciò quasi con una farsa. Poiché le autorità mandatarie si intestardivano in una politica di assoluta parità nell'arruolamento tra arabi ed ebrei, l'Agenzia Ebraica cercò di convincere vari arabi, alcuni di essi ex guerriglieri, che scontavano pene detentive di varia lunghezza nelle prigioni mandatarie ad arruolarsi anche essi nei ranghi dell'esercito britannico. Questo avrebbe permesso ad un pari numero di volontari ebrei di arruolarsi anche essi nell'esercito britannico. Svuotate le prigioni si ricorse ai bordelli. Spesso, la maggior parte dei "volontari" arabi, una volta ricevuto l'uniforme, le buffetterie, e le armi, disertavano e ritornavano nei loro villaggi. Il risultato fu che per evitare il ridicolo il governo mandatario abbandonò quest'assurda politica di parità quasi immediatamente. Il primo gruppo di volontari nell'esercito britannico non rappresentavano certo l'Yishuv. La maggior parte era costituito da persone provenienti dalla Germania, dall'Austria e dal centro Europa, per esempio la Cecoslovacchia. La loro lingua natale era il tedesco, non l'Yiddish. Provenienti dalla media borghesia, spesso non erano riusciti ad adattarsi alle nuove condizioni, estremamente dure, imposte dalla nuova vita nella Terra di Israele. Inoltre erano completamente tagliati fuori dai forti fermenti ideologici che dominavano l'Yishuv. Per loro, quindi, farsi volontari nell'esercito inglese rappresentava una fuga dalla realtà quotidiana e da un mondo in cui non erano inseriti. Alcuni di essi erano relativamente anziani, ed erano veterani del precedente conflitto mondiale nell'esercito tedesco o austro-ungarico.

Il fatto che alcuni di essi avessero servito come ufficiali, o fossero pluridecorati, creò situazioni alquanto imbarazzanti, una volta che si trovarono nelle uniformi di private, o soldato semplice, davanti ai sergenti britannici. La presenza saltuaria di arabi creava naturalmente tensioni sia etniche che politiche, ma una volta cominciato l'addestramento queste ultime si risolsero, almeno per il momento. Nel gennaio del 1940 erano state costituite ben due compagnie di pionieri ausiliari. L'addestramento che seguirono a Sarafand rifletteva quello della fanteria, e naturalmente includeva ore di marcia, prima in plotoni, e poi in compagnie, insomma l'interminabile *drill*, così caratteristico dell'esercito britannico.

Nonostante che all'inizio di febbraio, i negoziati tra Weizmann ed il governo britannico per la creazione di una

La Guerra nel deserto -The Western Desert (foto da 12 a 23)

◄ 12 – Generale di Brigata Frederick Kisch, RE (collezione dell'autore).

12 – Brigadier General Frederick Kisch, RE (Author's Collection).

► 14 – Dov Hoz presenta la bandiera del movimento sionista alla 285a compagnia, RASC), Tel Aviv, 1940 (Cortesia del Government Press Office, Israel).

14 - Dov Hoz presents the Jewish flag to the 285 Company, RASC, Tel Aviv 1940 (Courtesy of Government Press Office, Israel).

▼ 13 - Generale di Brigata Frederick Kisch, RE (coll.dell'autore).

13 – Brigadier General Frederick Kisch, RE (Author's Collection).

divisione ebraica venissero interrotti, la prima compagnia del corpo dei pionieri, la 401a AMPC Coy, era pronta a lasciare il territorio mandatario alla volta della Francia. Il mese successivo, la seconda compagnia del corpo dei pionieri ausiliari, la 402a AMPC Coy partiva per l'Egitto. Ciascuna compagnia era formata da circa 400 o 600 uomini. La 401a Coy era comandata dal Harry J. Cator, proveniente dal prestigioso reggimento di cavalleria, Royal Scots Greys. Gli ufficiali superiori provenivano dal genio (RE), o dall'artiglieria (RA), mentre i tre sottotenenti, A. S. Nahmias, L. Rapaport, e A. E. Kahanof erano tutti di nomina recente, e membri dell'Yishuv. Il 21 febbraio 1940 la 401a Coy si imbarco nel porto di Haifa, sul trasporto, HT Devenshire alla volta della Francia. Dopo una sosta a Malta, i pionieri sbarcarono a Marsiglia il 28 febbraio. Destinati prima al deposito di Rennes, ed inseguito alla Linea Maginot, la compagnia rimase in Francia fino a tutto il maggio 1940. Come i vari reggimenti di fortezza dell'esercito francese, stanziati sulla Linea Maginot, i pionieri palestinesi approfittarono della *Drole de Guerre*, o *Phoney War* come la chiamavano gli inglesi, per compiere esercitazioni, e partecipare a tornei di football contro altre compagnie di pionieri ausiliari. Nonostante che ai pionieri non riuscisse di appendere la biancheria

sporca sulla Linea Sigfrido, come dicevano le parole di una canzone allora in voga, tuttavia la compagnia acquistò una professionalità nello svolgimento della routine quotidiana. In più negli ultimi mesi, le esercitazioni ed il servizio vennero sempre eseguiti armati di tutto punto con fucili e baionette. In giugno la compagnia venne evacuata da Saint Malo in Gran Bretagna, e di lì venne trasferita in Egitto, dove raggiunse la 402a Coy. Intanto in maggio si erano finalmente riaperte le trattative tra Weizmann ed il governo di Londra. Questa volta però il governo britannico richiese la presenza di membri del quartier generale dell'esercito britannico stanziato in Palestina. Al contrario dell'amministrazione mandataria, il cui scopo era conservare un delicato equilibrio di forze tra il triangolo composto da inglesi, ebrei, ed arabi, lo stato maggiore dell'esercito britannico era interessato ad una politica di "no nonsense", e cioe' che desse la priorità assoluta alla vittoria finale sulla Germania, qualunque fossero le implicazioni politiche future. D'altra parte le risorse della Gran Bretagna nell'estate del 1940, in seguito all'entrata nel conflitto dell'Italia, erano oramai allo stremo. Quindi il reclutamento poteva essere esteso solamente ad altre unità non combattenti, ma certamente non ad unità di fanteria. Fatto sta che in luglio continuò il reclutamento nei pionieri

◄ 15 – Un gruppo di volontari dalla Palestina, RASC, Tripoli 1943(Cortesia del Government Press Office, Israel).

15 - Group of volunteers from Palestine, RASC, Tripoli 1943 (Courtesy of Government Press Office, Israel).

► 16 – Un gruppo di ufficiali e sergenti, membri di una compagnia del RASC, Egitto o Libia 1943 (Cortesia del Government Press Office, Israel).

16 - A group of officers and sergeants, from a Jewish company of the RASC, Western Desert 1943 (Courtesy of Government Press Office, Israel).

►► 17 – Soldati del RASC posano un cavo telefonico, Egitto 1942 (Cortesia del Government Press Office, Israel).

17 - Soldiers of the RASC laying a telephone cable, Western Desert 1942 (Courtesy of Government Press Office, Israel).

ausiliari, a cui si aggiunse il reclutamento nel corpo dei trasporti il Royal Army Service Corps. Con la primavera del 1942, quando le compagnie dei pionieri ausiliari vennero sciolte, il reclutamento aveva portato ben 3.200 persone nei AMPC. Nel novembre del 1940, in Egitto veniva creato il quartier generale di ben nove compagnie di pionieri, costituite da palestinesi. Ad esse si unirono ben presto, nel febbraio del 1941, le prime unità dei reparti trasporti, o Royal Army Service Corps. Fino al marzo del 1941 le compagnie di pionieri ausiliari servono nel deserto occidentale in vari compiti. Il morale di queste unità era basso. Questo era dovuto al fatto che la maggior parte degli ufficiali assegnati a queste unità era di livello mediocre, soprattutto dal punto di vista della leadership. Inoltre anche la loro formazione professionale lasciava a desiderare. Ben tre compagnie di pionieri ausiliari vennero inviate in Grecia al seguito del corpo di spedizione britannico, che includeva inglesi, australiani e neozelandesi, l' ANZAC. Il totale del personale dei pionieri ausiliari al seguito del corpo di spedizione britannico consisteva in circa 2.400 persone. Le varie compagnie palestinesi sbarcarono ad Atene. La permanenza in Grecia fu però breve. Il 6-7 aprile l'esercito greco che difendeva la linea Metaxas venne travolto dall'avanzata tedesca, ed il 9 aprile capitola in Macedonia. Il 13 aprile il generale Wilson decise di ritirare corpo di spedizione britannico, prima dalla linea di difesa stabilita sul fiume Halyacmon, e poi dal passo delle Termopili.
Il 19 aprile i tedeschi entrano a Larissa. Il 21 aprile venne presa la decisione di evacuare il corpo di spedizione britannico in Egitto.
Le compagnie di pionieri ausiliarie si trovavano a Kalamata, che venne catturata dalla 5a Panzer Division il 29 aprile. Nonostante che agli inglesi riuscisse l'evacuazione di ben 50.000 soldati, 8.000 vengono fatti prigionieri, la maggior parte soldati australiani e neozelandesi, ma anche circa 1.500 membri delle compagnie dei pionieri ausiliari provenienti dalla Palestina ed altri 500 che appartenevano a compagnie provenienti da Cipro.
Lo sfacelo è totale. Gli ufficiali inglesi non sono sempre all'altezza della situazione, e quando i prigionieri di guerra si trovano di fronte alle SS, non riescono ad impedire che i pionieri ebrei, vengano separati e segregati dal resto dei prigionieri di guerra (POW). I pochi arabi, ancora in servizio non esitano ad indicare ai tedeschi quali sono i soldati ebrei. Questi, ufficiali e soldati, vengono segregati, e deportati in *Stalag* e *Offlag*, campi di prigionia per ufficiali e soldati, in Germania ed in Polonia. I campi di prigionia sono però sotto la custodia della Wehrmacht, e nonostante che gli ebrei siano tenuti segregati dagli altri prigionieri, nel complesso vengono trattati come il resto dei prigionieri, e potranno regolarmente ricevere pacchi della Croce Rossa.
Nel gennaio del 1945, i prigionieri di guerra ebrei provenienti dalla Palestina vengono fatti marciare verso ovest dai campi di detenzione (*Stalag*). Questi prigionieri saranno liberati solamente alla fine della guerra. Non altrettanto fortunata è la sorte di 147 pionieri di origine greca, oriundi di Salonicco, che riusciti a sfuggire ai campi di prigionia, raggiungono le loro famiglie. La loro sorte seguirà quella degli ebrei di Salonicco e della Grecia sotto il dominio nazista; essi verranno deportati ed uccisi nei campi di sterminio. Il resto dei pionieri ausiliari vengono evacuati a Creta. Con la successiva caduta dell'isola, altri 170 pionieri sono catturati dai tedeschi. Solamente 730 soldati delle compagnie di pionieri ausiliari ritornano in Egitto.
I superstiti però vengono smobilitati dal AMPC ed assegnati ad altre unità tra cui compagnie di trasporto (RASC)

e del genio (RE). Solamente nella primavera del 1942 le compagnie palestinesi del AMPC cessano formalmente di esistere. È questa l'occasione per ricordare che i 3.200 ebrei della Palestina che servirono nei pionieri ausiliari, non erano gli unici. In Inghilterra vari profughi ebrei di origine tedesca o austriaca, vennero imprigionati allo scoppio della guerra come nazionali di paesi nemici. Tra il 1939 ed il 1945, un settimo dei rifugiati ebrei dalla Germania e dall'Austria avevano optato di portarsi volontari nelle forze armate britanniche. Conosciuti scherzosamente sotto il nome di *"The King's Most Loyal Enemy Aliens"*, furono assegnati al AMPC. Dal 1943 in poi, essi furono liberi di unirsi ad unità combattenti di ogni tipo, dalla fanteria, spesso nel Royal Fusileers, al Royal Tank Corps, e naturalmente fra i Commandos, e persino nella RAF. Molti di loro al termine, della guerra continuarono a servire negli organi amministrativi delle forze di occupazione dell'esercito britannico in Germania.
Dopo la guerra, nel 1946 Re Giorgio VI conferì ai pionieri ausiliari il titolo di Royal per i meritevole stato di servizio durante la seconda guerra mondiale.

3. LE UNITÀ EBRAICO-PALESTINESI NELLA GUERRA DEL DESERTO E NELLA CAMPAGNA D'ITALIA: LE COMPAGNIE DI TRASPORTO (RASC) ED IL GENIO (RE)

L'entrata in guerra dell'Italia nel 1940 è per l'Yishuv un momento di prova. Subito dopo l'entrata in guerra dell'Italia, Tel Aviv viene bombardata a più riprese, causando centinaia di morti tra la popolazione civile, ed in molti casi i bombardieri italiani arrivano a bombardare le raffinerie di Haifa, provocando danni relativamente minori. È proprio questa ripetizione in scala molto minore, ma non per questo meno drammatica, che porta l'intero Yishuv a mobilitarsi per la guerra. Il giugno 1940 è lo spartiacque. Se fino ad allora si erano portati volontari nell'esercito britannico solamente outsiders, ebrei immigrati di recente, da adesso fino alla fine della guerra tutto l'Yishuv si trova concentrato sul volontariato. L'Yishuv alla vigilia della seconda guerra mondiale era però diviso tra vari partiti politici. All'estrema sinistra i partiti Hashomer HàZair e Mapam, esponenti del movimento pionieristico, specialmente dei Kibbutz, da un lato si mostrarono contrari ad una guerra che ai loro occhi era tacciata di guerra imperialista, concetto che si trasformò naturalmente in guerra giusta solamente nel giugno del 1941 in seguito all'aggressione tedesca all'U.R.S.S., dall'altro lato, i dirigenti politici erano ben consci che l'aggressore era l'Asse e l'aggredito l'Impero Britannico, che includeva la Palestina. In altre parole, fin dall'inizio si presentarono numerosi volontari provenienti da vari Kibbutz. Lo stesso non si poteva dire del Mapai, il potente partito socialista, sotto la direzione di Ben Gurion, che dominava l'Histadrut o la più importante organizzazione sindacale. A Ben Gurion era chiaro che il volontariato nelle forze armate britanniche aveva la priorità assoluta. Quindi il maggior numero dei volontari dell'Yishuv proveniva sia dai Kibbutz, che dai Moshav che aderivano al Mapai. Lo stesso figlio di David Ben Gurion, Amos si fece volontario nel 1940. Nato a Tel Aviv, tipico prodotto del movimento sionista socialista, Amos Ben Gurion aveva terminato i propri studi nella prestigiosa scuola di agricoltura Kaduri. Naturalmente era membro dell'Haganah, e tra il 1936 ed il 1939 prese parte ai combattimenti durante la Rivolta Araba. Nel 1941, venne inviato ad un corso ufficiali, che terminò con pieno successo. Amos servì nel secondo battaglione del Palestine Regiment prima in Egitto ed in seguito in Italia all'interno della Brigata Ebraica. Ferito in un incidente, venne ricoverato in un ospedale militare in Irlanda. Innamoratosi della nurse, Mary Callow, una bellissima irlandese dai capelli rossi, non esitò a sposarla, provocando la furia della madre. Nel 1946 si congedò con il grado di maggiore. Va fatto presente che il più importante contributo al volontariato dei membri dei partiti della "sinistra" sionista, fu una lotta ad oltranza per l'equiparazione ed uguaglianza dei sessi anche nel mondo del volontariato con la spinta alla creazione di varie unità femminili all'interno degli ATS, e della WAAF. Il più importante partito di centro era il gruppo politico sotto la direzione di Weizmann, i Sionisti Generali, che fin dall'inizio supportarono senza riserve lo sforzo bellico britannico. Spesso provenienti dalla media e dall'alta borghesia di Tel Aviv, Haifa, Gerusalemme, e Natania, questi volontari fornirono il maggior numero al quadro ufficiali. Questo era chiaramente in sintonia con la tradizione britannica che vedeva nell'ufficiale innanzitutto un membro della classe dominante chiamato a dirigere in guerra i propri sottoposti. Va fatto presente che anche

◄ 18 – Un soldato del RE mentre prende delle misure, Egitto 1942 (Cortesia del Government Press Office, Israel).

18 – A private of the RE taking measurements, Western Desert 1942 (Courtesy of Government Press Office, Israel).

► 19 – Un soldato appartenente alle compagnie palestinesi dei Buffs, Palestina 1942 (Cortesia del Government Press Office, Israel).

19 – A private of the Buffs, Palestine 1942 (Courtesy of Government Press Office, Israel).

▼ 20 – Un soldato della compagnia di stivatori, Unità 1039 RE, Libia 1943 (Cortesia del Government Press Office, Israel).

20 - A member of the Stevedore Unit 1039, RE, Libya in 1943 (Courtesy of Government Press Office, Israel).

il partito revisionista fin dall'inizio si mostrò più che favorevole allo sforzo bellico. Dopo la morte nel 1940 di Vladimir Jabotinsky, che viveva in esilio a New York, i successori continuarono la sua politica. David Raziel, il capo dell'Irgun, il braccio armato del partito revisionista, trovò la morte nel 1941 in Iraq, mentre era ufficiale dell'esercito britannico. La situazione non cambio' quando nel 1941Begin assunse la leadership dell'Irgun. Il volontariato dei membri dell'organizzazione politica nelle forze armate britanniche continuo' ininterrottamente fino al termine della guerra, nonostante che fin dall'inizio del 1944 l'Irgun iniziò una serie di azioni militari contro le installazioni della Palestine Police. Dov Gruner, uno dei combattenti per la libertà che venne catturato nel 1946, condannato a morte dalle autorità mandatarie, aveva servito nell'esercito inglese in Nord Africa ed in Italia. Non c'è dubbio che una sua domanda di grazia sarebbe stata accolta favorevolmente. Ma Dov Gruner non chiese la grazia. Inoltre vi era un folto gruppo di volontari che proveniva dal mondo religioso. Alcuni affiliati al Mizrachi ed al Poel HaMizrachi i due partiti religiosi sionisti, tuttavia la maggior parte di essi, non aveva alcuna affiliazione politica. Questi sapevano bene che arruolarsi in un esercito che non rispettava in tutto e per tutto i dettami delle regole alimentari ebraiche ed il riposo shabbatico non era visto di buon occhio dal mondo religioso che li circondava. Eppure furono tra i primi a presentarsi sotto le armi. Il loro contributo fu enorme, poiché riuscirono ad imporre un identità ebraica alle varie unità. Non solo, la loro conoscenza della tradizione fu molto d'aiuto nel contatto tra i volontari dell'Yishuv e le comunità ebraiche prima in Nord Africa e poi in Italia. Spesso però i dettami religiosi imposti dall'ebraismo, e rispettati dall'esercito britannico, poteva essere vista come un ostacolo da parte dei volontari ad una loro completa integrazione nella macchina da guerra inglese. Dan Vittorio Segre ricorda che un gruppo di volontari scatenò il cosiddetto sciopero del bacon. Era tradizione nell'esercito inglese, che durante il breakfast fossero servite sulla mensa uova e pancetta, cibo sostanzioso che avrebbe aiutato il soldato britannico ad affrontare i rigori della giornata, almeno fino al tè delle cinque. Il problema era che il bacon, che consiste in carne di maiale, è strettamente proibito nella religione ebraica. Naturalmente il comando britannico, abituato da secoli a dirigere delle forze armate in cui il pluralismo è la regola e non l'eccezione, si era preso cura che sulle mense a cui sedevano i volontari ebrei non apparisse bacon. La risposta dei volontari fu

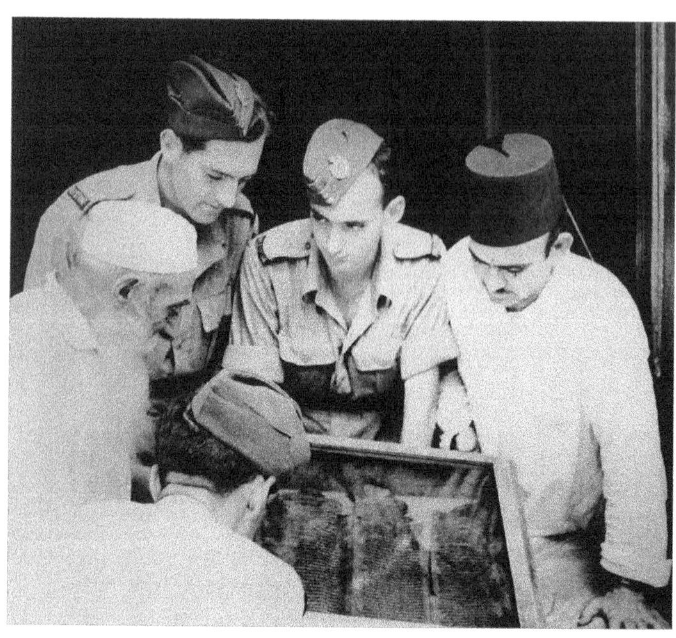

◄ 21 – Un gruppo di soldati ebrei provenienti dalla Palestina in visita alla Sinagoga Even Ezra, Egitto 1942 (Cortesia del Government Press Office, Israel).

21 – A group of Palestinian Jewish soldiers visiting the Even Ezra Synagogue in Cairo, Egypt 1942 (Courtesy of Government Press Office, Israel).

► 22 – Un gruppo di soldati ripresi al Circolo dei Soldati Ebrei, Il Cairo 1942 (Cortesia del Government Press Office, Israel).

22 – A group of soldiers resting in the Jewish Soldiers Club, Cairo 1942 (Courtesy of Government Press Office, Israel).

sconcertante ma giustificata. Secondo loro, la decisione presa a priori senza consultarli di non distribuire bacon li equiparava alle truppe coloniali formati da *natives*, che osservavano i loro tabù. Cosa inaccettabile per chi chiedeva una posizione di parità assoluta. Il comando inglese si affrettò per evitare ulteriori incidenti a distribuire bacon anche tra i volontari ebrei, che ne facevano richiesta. Purtroppo, vi fu anche chi si oppose al volontariato. Da un lato il gruppo terroristico del Lehi, acronimo dei Combattenti per la Libertà di Israele, sotto la guida di Avraham Stern – Yair, e dall'altro i vari gruppi politici ulta ortodossi che facevano capo all'Agudath Israel.
La procedura del volontariato era relativamente semplice. I volontari si presentavano nei tre centri di reclutamento sotto il controllo del'Agenzia Ebraica, a Tel Aviv, a Beth Hadar, a Gerusalemme in Zion Square, ed a Haifa, a 4 Banks Street. Li venivano intervistati prima da un impiegato dell'Agenzia Ebraica, ed in seguito da un membro delle forze armate di sua maestà. Dopo aver compilato un modulo in cui si doveva specificare oltre allo stato di famiglia, se avevano precedentemente fatto parte di altre forze armate, il volontario veniva avviato all' immenso campo militare di Sarafand. Dopo il proverbiale taglio di capelli, riceveva le uniformi. All'inizio della guerra queste consistevano nell'antiquato Service Dress portato durante la prima guerra mondiale con la bustina, e naturalmente il battledress. Il K.D. estivo consisteva in una giacca a collo alto con quattro tasche inamidata e dei pantaloni bermuda lunghi, che arrivavano quasi alle caviglie, i Bombay Bloomers, che potevano essere ripiegati e trasformati in shorts. Solamente dal 1941 vennero finalmente distribuite come K.D., uniformi estive, camicie e short ben più confortabili. L'unico segno distintivo che identificasse i soldati come ebrei provenienti dalla Palestina, era il flash, spesso di colore khaki, con la scritta Palestine ricamata in nero, ma alle volte in azzurro con la scritta Palestine in bianco, che veniva cucito sulla parte superiore della manica, o inserito nella spallina della giacca del battledress, o della camicia tropicale. Ancora prima che i soldati venissero inquadrati nelle compagnie dei vari servizi o nella fanteria, le reclute cominciavano ore di marcia, il *drill*, che caratterizzava l'esercito britannico. Come scrive Dan Vittorio Segre, i veri nemici delle reclute non erano i sergenti inglesi, ma le enormi cimici e topi che si pascevano nei rifiuti di Sarafand ed infestavano le camerate. Una volta raggiunto un numero sufficiente di volontari, venivano formate le compagnie ed irreggimentate. Dopo il 1941, la priorità andava alle compagnie di trasporto, seguite dal genio, e naturalmente dalla fanteria. Nell'agosto del 1942, oramai più di 20.000 ebrei che vivevano nel territorio del Mandato erano sotto le armi.
Non c'è dubbio che le unità più importanti costituite dai volontari dell'Yishuv erano quelle del RASC (Royal Army Service Corps). Formato nel 1870 come Army Service Corps, all'interno del Genio, o Royal Engineers, nel 1918 per il suo comportamento meritorio durante la Grande Guerra, assunse il prefisso Royal. Il RASC era diviso in due sezione. La prima sezione era responsabile per il trasporto. Il RASC si prendeva quindi la responsabilità di trasportare truppe per terra, affrontando ogni tipo di ostacoli anche anfibi come fiumi e laghi, con la collaborazione del Genio. La seconda sezione era responsabile di rifornimenti e salmerie di ogni tipo, come scorte alimentari, acqua, carburante, ma anche vestiame, e materiale per cancelleria, la base di ogni burocrazia

militare. Invece la distribuzione di armi, munizioni ed equipaggiamento tecnico di ogni tipo era la prerogativa del RAOC, o Royal Army Ordonance Corps. Va fatto presente che i soldati che servivano sia nel RASC che nel RAOC erano considerati come combattenti sotto tutti i punti di vista, e l'addestramento era simile a quello della fanteria. Le compagnie del RASC costituite da soggetti palestinesi erano di due tipi, compagnie di trasporto generali, o autotrasporti, M.T. Coy., o Motor Transport Company, e compagnie trasporti di autocisterne, il cui compito era distribuire l'acqua per vari usi, o W.T. Coy., Water Transport Company. Queste compagnie giocarono un ruolo di primo piano nella Guerra del Deserto e nella Campagna d'Italia. *L'enfant terrible* dell'Yishuv, le compagnie del RASC furono le prime unità ad adottare la Stella di Davide che veniva dipinta in maniera informale sui vari autocarri e camion, fin dall'inizio. Per evitare conflitti con unità la cui funzione era di primaria importanza, il comando inglese chiuse un occhio all'uso della Stella di Davide. Poi nel 1943, alla conclusione della Guerra del Deserto, per premiare le varie unità il cui comportamento era stato esemplare, il comando inglese sancì sia l'uso della Stella di Davide, che a seconda della compagnia, veniva decorata con vari simboli, sia l'uso di iscrizioni bilingue in ebraico ed in inglese, con ordini ufficiali. Per esempio la 462a G.T. Coy., per simboleggiare la velocità del trasporti nel deserto decorò la Stella di Davide con un cammello alato, per non essere da meno la 650a G.T. Coy., invece mise al centro della Stella di Davide un orologio, per indicare che i suoi rifornimenti arrivavano sempre a tempo. I primi volontari vennero inquadrati in quattro compagnie a maggioranza formate da britannici, la 14a, 17a, 61a, e 68a, già nel settembre del 1939. Nel luglio del 1940, cominciò un reclutamento massiccio volto a creare compagnie del RASC completamente formate da ebrei. Questo sfociò nel settembre del 1940 nella creazione della prima compagnia, la 285a Coy., formata interamente da ebrei, anche se numerosi soldati continuavano a servire nella 68a Coy., mista. Nel novembre la 285a Coy. raggiungeva l'Egitto. Intanto, in seguito all'offensiva italiana nell'estate del 1940, Wavell aveva reagito, e nel settembre lanciava l'Operazione Compass, in cui 36.000 soldati inglesi ed australiani presero parte. Tra il settembre del 1940 ed il gennaio del 1941, l'esercito inglese avanzò in Libia e vennero conquistate Bardia, Tobruk, Beda Fomm, e l'esercito raggiungeva El Agheila. Inoltre più di 130.000 prigionieri caddero nelle mani dei britannici. Nel marzo del 1941, il Regio Esercito, rinforzato dall'Afrika Korps al comando di Rommel, dava vita alla contro offensiva. Tobruk, difesa da una guarnigione australiana si trovò sotto assedio, e le forze dell'Asse penetrarono in Egitto raggiungendo Sollum ed il Passo di Halfaya, dove si fortificarono. Era chiaro che la Guerra nel Deserto era una guerra di movimento, e che le truppe combattenti, fanteria e forze corazzate, necessitavano di ampi rifornimenti mobili. Nel febbraio del 1941 vennero costituite due compagnie del RASC, la 5a M.T. W/S (Motor Transport Work Service) Coy. e la 6a M.T. W/S Coy., il cui compito era distribuire rifornimenti. Entrambe le compagnie vennero inviate in Egitto. La 5a M.T. W/S Coy. assegnata a rifornire la 9a Divisione Australiana si ritrovò tra le truppe assediate a Tobruk. Ben presto, i suoi membri parteciparono alla difesa del perimetro difensivo insieme ai Diggers australiani, come semplici combattenti, respingendo con fucile e baionetta i vari attacchi delle forze dell'Asse. Nell'estate del 1941 Wavell organizzò due controffensive per liberare Tobruk assediata, prima Operazione Brevity, e poi Operazione Battleaxe, ma entrambe le offensive fallirono miseramente. Il comando dell'Esercito d'Egitto venne assunto dal generale Auchinleck. Le varie unità poste sotto il comando di Auchinleck, inglesi, australiane e neozelandesi, indiani, francesi liberi, e naturalmente ebrei di Palestina vennero radunate nella nuova costituita 8a Armata.
Nel novembre del 1941, alla vigilia dell'Operazione Crusader, altre due unità del RASC, la 148a Coy. e la 5a W.T. Coy., adibita alla distribuzione dell'acqua raggiunsero le forze dell Commonwealth. L'Operazione Crusader, tra il novembre del 1941 ed il gennaio del 1942, fu un successo parziale, anche se Tobruk venne finalmente liberata, e le

forze dell'Asse dovettero ritirarsi sulle posizioni di partenza ad El Agheila. Nel dicembre del 1941, la 5a W.T. Coy. veniva stanziata a Bengasi, dove vi era una fiorente comunità ebraica. Per la prima volta, i volontari provenienti dalla Terra di Israele incontravano una comunità che aveva sopportato la dura occupazione tedesca ed il lavoro coatto. Vari membri della compagnia aiutarono la comunità a riaprire la scuola, e fornirono aiuti di ogni tipo. Intanto nell'aprile del 1942, venivano costituite ben tre nuove compagnie, la 468a G.T. Coy., la 462a G.T. Coy., e la 579a G.T. Coy., che vennero inviate una dopo l'altra nel deserto per fronteggiare le forze dell'Asse. Invece le 5 M.T.W/S Coy. e la 6a M.T.W/S Coy. vennero trasformate nella 178a G.T. Coy. e 179a G.T. Coy. rispettivamente. Nell'estate del 1942 l'Asse contrattaccò. Questa volta, Tobruk, difesa dai sudafricani, venne conquistata, e le forze dell'Asse in giugno avevano oramai raggiunto Gazala. Le forze armate dell'impero britannico riuscirono a fermare i nazifascisti con la prima battaglia di El Alamein in luglio. Tra le forze che presero parte alla battaglia vi era la 462a G.T. Coy. Le forze dell'Asse erano arrivate a soli 140 Km da Alessandria. La gravità della situazione era chiara a tutto l'Yishuv. Se i tedeschi avessero sfondato le linee inglesi, la prossima tappa sarebbe stata la Terra di Israele. In giugno l'Agenzia Ebraica creò un centro di reclutamento nazionale a Tel Aviv, e ordinò a tutti gli abitanti ebrei dell'Yishuv di portarsi volontari nell'esercito inglese. In luglio l'arruolamento volontario raggiunse l'apice. L'afflusso di volontari portò nell'agosto alla formazione della 405a W.T. Coy. A novembre venne formata un ulteriore compagnia, la 650a G.T. Coy.. Di fatto dall'estate del 1942 la maggior parte dei volontari veniva diretta al nuovo costituito Palestine Regiment. Intanto in Egitto, Montgomery aveva preso il posto del capace ma sfortunato Auchinleck. Un ulteriore tentativo di penetrazione dell'Asse era stato bloccato ad Alam Halfa. Nell'ottobre del 1942, Montgomery scatenò l'offensiva di El Alamein. Intanto a novembre gli anglo-americani sbarcavano nell'Algeria difesa dai francesi di Vichy con l'Operazione Torch.

A metà gennaio 1943, la Cirenaica era stata liberata dalle truppe dell'8a Armata, e Tripoli la capitale della Libia cadeva finalmente nelle mani dei britannici. La guerra del deserto era ormai terminata.

▲ 23 – Il maggiore Wellesley Aaron insieme ad un gruppo di ufficiali della 178a compagnia RASC, Benghazi 1942 (Cortesia del Government Press Office, Israel).

23 – Major Wellesley Aaron and officers of the 178th Company, RASC, Benghazi 1942 (Courtesy of Government Press Office, Israel).

524 Field Survey Company, Royal Engineers in Italy/ 524a comp. del servizio topografico, Corpo Reale del Genio (RE) in Italia (foto 24-33)

► 24 – Il soldato Boris Carmi, 524a compagnia del servizio topografico, RE, Siena 1944 (Presente di Boris Carmi, collezione dell'autore).

24 – Private Boris Carmi, 524 Field Survey Company, RE, Tuscany 1944 (Gift of Boris Carmi, author's collection).

►► 25 – Un gruppo di tre sottufficiali, 524a compagnia del servizio topografico, RE, Siena, 1944 (Presente di Boris Carmi, collezione dell'autore).

25 - A group of three non commissioned officers, 524 Field Survey Company, RE, Italy 1944, near Siena (Gift of Boris Carmi, author's Collection).

La 178a M.T. Coy., comandata dal maggiore Wellesley Aaron prese parte alla parata militare a Tripoli.

All'inizio del 1943, ben cinque delle compagnie del RASC erano stanziate in Tripolitania, la 178a G.T. Coy., la 179a G.T. Coy., la 462a G.T. Coy., la 5a W.T. Coy. e la 11a W.T. Coy. Nella Palestina mandataria erano stanziate invece la 68a Coy., il cui compito era l'immissione e l'addestramento dei volontari nel RASC, e altre tre compagnie, la 468a G.T. Coy., la 479a G.T. Coy., e la 650a G.T. Coy.

La feroce campagna di Tunisia non vide la partecipazione di unità provenienti dalla Palestina Mandataria.

La primavera del 1943 annuncia una crisi nei rapporti tra l'Agenzia Ebraica e l'amministrazione mandataria. Il 29 aprile per protesta verso la politica ottusa dell'amministrazione mandataria vengono chiusi gli uffici di reclutamento. Un mese dopo, la nave che trasporta la 462a G.T. Coy. in rotta per Malta viene silurata. Ben 148 dei suoi membri rimangono vittime dell'incidente.

Per l'Yishuv, ad esclusione della cattura di più di 1.700 membri in Grecia, soldati nei Pionieri Ausiliari, è la più grande tragedia dall'inizio della guerra. Per una popolazione di meno di 500.000 abitanti, la perdita di 178 dei suoi figli è una tragedia. Uno dei risultati è che tra giugno e luglio, gli uffici dell'Agenzia Ebraica riprendono le attività di reclutamento volontario. Intanto la 178a M.T. Coy. proveniente dalla Tripolitania e la 468a G.T. Coy., fino ad allora stanziata in Palestina vengono trasferite a Malta. Il 10 luglio del 1943 gli Alleati sbarcavano in Sicilia. Il 25 luglio, cadeva Mussolini, ed il governo italiano, sotto la guida dell'anziano Maresciallo Badoglio si mostrava favorevole ad un accordo con gli Alleati. Il 17 agosto gli alleati completavano la conquista della Sicilia, ed il 3 settembre, forze dell'8a Armata britannica sbarcavano in Calabria con l'operazione Baytown. L'8 settembre veniva dichiarato l'armistizio tra l'Italia e gli Alleati. I tedeschi invasero l'Italia tra lo sfacelo di parte del Regio Esercito, mentre vari reparti si coprivano d'onore iniziando la Resistenza contro i Tedeschi, per esempio a Cefalonia, dove la Divisione Acqui resistette contro forze preponderanti. Il 9 settembre 1943, la 5a Armata Americana sbarcava a Salerno. Tra le unità che assistono i G.I. americani durante lo sbarco, vi erano ben quattro compagnie del RASC, tre di autotrasporti, la 179a M.T. Coy., 462a M.T. Coy., e la 450a M.T. Coy., insieme alla 148a W.T. Coy, autocisterne-acqua, formata da ebrei palestinesi. Una volta liberata Napoli, che mancava di tutto, la compagnia si distinse nel compito di rifornire d'acqua la città di Napoli. Naturalmente la compagnia si dedicò anche all'assistenza della comunità ebraica locale. In ottobre, sbarcava a Napoli la 460a M.T. Coy. Mentre la 5a Armata risaliva il lato occidentale dell'Italia, assistita dal rinnovato esercito francese, da brasiliani, e da unità scelte del Regio Esercito, invece l'8a Armata, conquistata Taranto risaliva la parte orientale della penisola. In Italia, l'8a Armata

◄ 26 - Un gruppo di ufficiali e soldati della 524a compagnia del servizio topografico, RE, Siena, 1944 (Presente di Boris Carmi, collezione dell'autore).

S26 - A group of officers and soldiers, 524 Field Survey Company, RE, Italy 1944, near Siena (Gift of Boris Carmi, author's Collection).

◄◄ 27 - Un gruppo di sottufficiali e soldati, 524a compagnia del servizio topografico, Corpo Reale del Genio (RE). Siena, 1944 (Presente di Boris Carmi, collezione dell'autore).

27 - A group of noncoms and soldiers, 524 Field Survey Company, Royal Engineers, Italy, near Siena (Author's Collection).

► 28 - Un gruppo di soldati, 524a compagnia del servizio topografico, RE, Siena, 1944 (Presente di Boris Carmi, collezione dell'autore).

28 - A group of soldiers, 524 Field Survey Company, RE, Italy 1944, near Siena (Gift of Boris Carmi, author's Collection).

era un vero e proprio esercito multinazionale che includeva reggimenti inglesi, canadesi, neozelandesi, sudafricani, polacchi, ed unita palestinesi delle compagnie di trasporto e del genio. Tra novembre e dicembre, due compagnie del RASC, la 178a G.T. Coy. e la 468a G.T. Coy. sbarcavano in Italia, e si univano all'8a Armata. Se il porto di Napoli era il centro di smistamento ed il maggior centro di approvvigionamento per la 5a Armata americana, Bari e Taranto avevano la stessa funzione per l'8a Armata britannica. Le varie compagnie del RASC si trovavano spesso concentrate nel grande porto adriatico. E fu lì, che venne costituito un centro profughi, per assistere non solamente gli ebrei italiani, ma anche gli ebrei profughi dalla Iugoslavia. Nel gennaio del 1944, la 5a Armata americana sbarcava ad Anzio. In febbraio, alla testa di ponte americana, viene assegnata la 650a G.T. Coy. proveniente dalla Palestina. Ancora una volta, come durante l'assedio di Tobruk, i soldati palestinesi si trovavano a combattere con fucile e baionetta, questa volta accanto ai G.I americani. Intanto il resto delle compagnie del RASC, tra cui la 178a G.T. Coy. e la 468a G.T. Coy. seguivano l'8a Armata nei combattimenti di Monte Cassino. Il 5 giugno 1944 Roma veniva liberata dalla 5a Armata. I membri della 650a G.T. Coy. sono di fatto l'unico reparto inglese che marcia trionfalmente tra le strade di Roma liberata. L'incontro tra i soldati palestinesi e la comunità ebraica di Roma, con una tradizione bimillenaria alle spalle, fu commovente. La comunità aveva sofferto enormemente per le deportazioni fin dal 16 ottobre 1943, e ben 2.000 dei suoi membri, inclusi anziani, donne, e bimbi, era stata deportata nei campi della morte. È compito dei volontari provenienti dalla Terra di Israele di assistere in tutti i modi la comunità annientata dalla guerra, abbandonata ignominiosamente dal Rabbino Capo, Italo Zolli. I soldati collaborarono alla riapertura del Tempio Maggiore, della Scuola elementare Vittorio Polacco, dove insegnavano l'ebraico ai bimbi.

Con l'aiuto di cappellani ebrei dell'esercito americano, venne trasferito nell'Oratorio di Via Balbo a luglio il centro profughi, costituito quasi un anno prima a Bari, che prende il nome di Centro per la Diaspora. Inoltre, sempre nell'Oratorio di Via Balbo viene aperto un centro giovanile dove si tengono corsi di lingua

ebraica per giovani ed adulti. Viene altresì ripresa l'attività della DELASEM, l'organizzazione istituita nel 1939 per coordinare l'assistenza ai profughi ebrei. Inoltre, a Roma viene aperto un Jewish Soldier Club in Via del Tritone. Soldati ebrei delle compagnie ebraico-palestinesi dell'8a Armata, fianco a fianco a G.I. della 5a Armata dividono le specialità del club, tramezzini al tonno e Soda. Dan Vittorio Segre nelle sue memorie racconta che la Soda era la bevanda identificata con i soldati che venivano dalla Terra di Israele. In una riflessione ironica, faceva presente che, se su un campo di battaglia un G.I. morente avesse naturalmente richiesto, come ultimo desiderio, un Bourbon, se un Tommy, *"Cockeny Speaking"*, avrebbe domandato un Gin, un soldato ebreo della Palestina avrebbe invece chiesto una bottiglia di acqua frizzante, o Soda. Non c'è dubbio che, tra tutte le unità di stanza a Roma, la 178a M.T. Coy, comandata dall'abile maggiore Wellesley Aaron, giocò il ruolo più importante nell'assistenza agli ebrei romani. Questi, un ebreo inglese che viveva in Palestina, prima della guerra dirigeva un agenzia pubblicitaria. Già nel 1938, Aaron si rivolse all'alto comando delle forze britanniche stanziate in Palestina per convincerli della necessità di accumulare scorte di ogni tipo proprio in Palestina in vista della guerra con la Germania e del fatto che l'Egitto non possedeva le infrastrutture necessarie. Nel 1939, da coscienzioso suddito britannico, fu tra i primi a portarsi volontario. Inviato immediatamente ad un corso ufficiali, fu tra i primi volontari ad essere elevato al comando di un intera unità, la 178a G.T. Coy. nell'aprile del 1942. Aaron al comando della propria unità, partecipò all'assedio di Tobruk. La sua compagnia venne inoltre scelta nel settembre del 1944 per aggregarsi alla Brigata Ebraica. Nel 1944 più volte rischiò la corte marziale per avere assistito profughi, e naturalmente i superstiti della comunità di Roma. Le provviste della 178a erano sempre incondizionatamente a disposizione dei superstiti dell'Olocausto. Questo fatto non impedì, o forse proprio per questo, alla fine della guerra, Wellesley Aaron fu uno dei quattro ufficiali superiori provenienti dalla Palestina ad essere decorato dal governo britannico con una delle onorificenze più importanti, l'Order of the British Empire (OBE). Il Maggiore Aaron, MBE, aveva dimostrato di essere un ufficiale di innegabile merito, che si era dedicato con estrema abnegazione a rispondere ai bisogni della propria unità e ad adempiere alle necessità imposte dal comando della sua compagnia. In un esercito in cui il reggimento era ancora l'unità di base, questo era forse il complimento più alto che le autorità britanniche potevano accordare ad un ufficiale. Con la fine della guerra, le maggior parte delle compagnie del RASC levate in Palestina si trovano in Italia.

Già presenti nella penisola sono la 178a G.T. Coy., dal settembre del 1944 assegnata alla Brigata Ebraica, e la 468a G.T. Coy., parte integrante dell'8a Armata britannica. Anche la 650a G.T. Coy., fino a poco tempo prima assegnata alla 5a Armata americana, veniva posta alle dipendenze dell'8a Armata britannica, ed in giugno viene trasferita a Bologna. Queste vengono raggiunte dalla 544a M.T. Coy, una delle ultime compagnie ad essere organizzata in Palestina, che viene stanziata in Italia in febbraio, prima della fine della guerra. Sempre in giugno le compagnie 745a G.T. Coy. e 462a G.T. Coy., oramai ricostituita, vengono stanziate a Milano, mentre le compagnie 179a G.T. Coy. e 738a G.T. Coy. vengono trasferite a Venezia. Invece la 405a W.T. Coy., stanziata fino a maggio in Libia, viene dislocata in Egitto. Con l'inizio del 1946 le varie compagnie venivano smobilitate. Non meno di 4.400 volontari avevano servito nelle varie compagnie del RASC. Ad essi vanno aggiunti altri 1.250 volontari che servirono in varie compagnie del corpo d'intendenza, o Royal Army Ordonance Corps (RAOC). Nel marzo del 1943, ben quattro compagnie, la 514a, 515a, 553a, Palestine Stores Coys. stanziate nella Palestina mandataria, e la 554a Palestine Stores Coy., stanziata in Egitto, erano state create. Non meno importante è stata la contribuzione dei volontari provenienti dalla Terra di Israele che si arruolarono nel Genio, o Royal Engineers, un corpo di antiche tradizioni in cui si trovarono a militare la maggior parte degli ufficiali ebrei di carriera nell'esercito britannico, tra cui Frederick Kisch, che comandò il Genio dell'8a Armata fino alla sua morte, Frank Ernest Benjamin, che assunse il comando della Brigata Ebraica, ed Edmund, "Eddie" Meyers, che coordinò i rapporti tra lo SOE e le forze della Resistenza Greca. Il Corps of Engineers, fondato nel 1717, era costituito solamente da ufficiali. Il lavoro manuale era affidato a compagnie di artificieri civili. Solo nel 1782 venne creata una compagnia di artificieri formata da sottufficiali, che venne stanziata a Gibilterra.

Nel 1787 al Corps of Engineers venne aggiunto il prefisso Royal. Nello stesso anno venne creato un Corps of Royal Military Artificiers, formato da sottufficiali e soldati, posti sotto il comando di ufficiali del Genio. Nel 1812

◄ 29 – Un gruppo di sottufficiali e soldati, 524a compagnia del servizio topografico, RE, Siena, 1944 (Presente di Boris Carmi, collezione dell'autore).

29- A group of noncoms and soldiers, 524 Field Survey Company, RE, Italy 1944, near Siena (Gift of Boris Carmi, author's Collection).

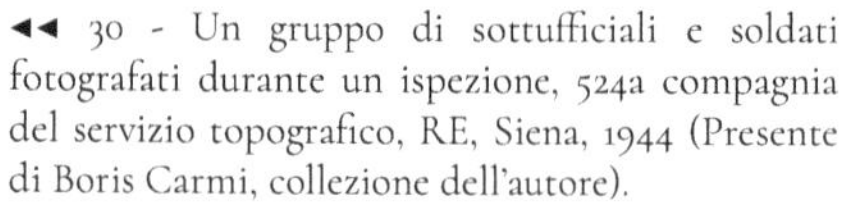

◄◄ 30 - Un gruppo di sottufficiali e soldati fotografati durante un ispezione, 524a compagnia del servizio topografico, RE, Siena, 1944 (Presente di Boris Carmi, collezione dell'autore).

30 - A group of officers and soldiers during an inspection, 524 Field Survey Company, RE, Italy 1944, near Siena (Gift of Boris Carmi, author's Collection).

► 31 – Gli ufficiali della compagnia, 524a compagnia del servizio topografico, RE, Siena, 1944 (Presente di Boris Carmi, collezione dell'autore).

31 - The company's officers posing together, 524 Field Survey Company, RE, Italy 1944, near Siena (Gift of Boris Carmi, author's collection).

il corpo veniva ribattezzato Corps of Royal Sappers and Miners. Per tutto il 18° secolo e le guerre napoleoniche, il compito principale degli ufficiali del Genio, degli artificieri e zappatori al loro comando era di costruire fortificazioni, temporanee o fisse, e dirigere le operazioni di assedio. Nel 1855 le due unità, il Royal Corps of Engineers, ed il Corps of Royal Sappers and Miners venivano unificate nel Corps of Royal Engineers. È nel periodo vittoriano, che la funzione del Genio si amplifica. Saranno loro a costruire le ferrovie che traversavano l'India e l'Africa, e ponti di ogni tipo. La gesta di John Henry Patterson, futuro comandante della Legione Ebraica, in Africa Orientale nel 1898 è nota. Il giovane ufficiale dei RE inviato per costruire un ponte a Tzavo, si accorse che due leoni facevano strage del personale indigeno. Quasi da solo, riuscì ad avere ragione dei due leoni, che impagliati fanno oggi mostra di sé al Museum of Natural History a Chicago. Frutto delle sue esperienze fu il libro, *The Man - Eaters of Tzavo*. Durante la prima guerra mondiale, i RE furono responsabili della costruzione delle trincee lungo il fronte occidentale. Allo scoppio della Seconda Guerra Mondiale, i RE non solo dirigevano la costruzione di ponti, e di trincee, ma anche di aeroporti, di porti artificiali, e possedevano un servizio topografico, che era forse il migliore del mondo. Inoltre due altri corpi, il Royal Corps of Signal (RCS), ed il Royal Electrical and Mechanical Engineers (REME) recentemente creato, affiancavano il tradizionale Royal Engineers. Il primo, Royal Corps of Signal, creato nel 1870 per dirigere i telegrafi, era responsabile per il sistema di comunicazioni sul campi di battaglia, che oramai includevano l'installazione di linee telefoniche. Invece il secondo, o Royal Electrical and Mechanical Engineers, creato solamente nel 1942, era responsabile per la manutenzione, il servizio e l'ispezione di ogni tipo di equipaggiamento elettronico, allora agli albori, in dotazione alle forze armate britanniche.

Il volontariato nei RE iniziò nel gennaio del 1941 con la creazione della 1039a Port Operating Company, il cui compito era quello di mantenere in funzione porti militari. Posta all'inizio sotto il comando di ufficiali inglesi, la caratteristica principale di quest'unità era il fatto che era costituita interamente da scaricatori di porto provenienti da Salonicco. Nel marzo del 1943 vi erano oramai ben undici compagnie nei Royal Engineers formate da volontari ebrei. Di queste, due compagnie servivano in Palestina, sette in Egitto, una in Libia ed in Tripolitania, una in Siria, ed una in Iraq. Cinque compagnie, la 738a Artisan Works Coy., stanziata in Libia, la 739a Artisan Works Coy. in Palestina, e la 743a, 744a e 745a Artisan Works Coy. in Egitto, erano responsabili di lavori di manutenzione generale che non richiedevano alcuna qualifica particolare. Un unità, la 872a M.E. Workshop and Park Coy., stanziata in Siria, era motorizzata e poteva eseguire lavori di manutenzione in tutto il Medio Oriente a breve scadenza. Altre unità facevano parte del servizio topografico del Genio. Queste includevano la 9a Field Survey Map Depot, di guarnigione in Siria, tre depositi in Egitto, il 14°, 15°, e 17° Map Depot, e la celebre 524a Field Survey Coy., stanziata in Egitto. Altre unità, che svolgevano incombenze in seguito passate ai REME erano

◄ 32 – Un gruppo di soldati in un momento di pausa, fotografati insieme ad una donna locale, 524a compagnia del servizio topografico, RE, Siena, 1944 (Presente di Boris Carmi, collezione dell'autore).

32 – A group of soldiers relaxing together with a local woman, 524 Field Survey Company, RE, Italy 1944, near Siena (Gift of Boris Carmi, author's collection).

◄◄ 33 – Seder in Italia. Un cappellano militare appartenente all'esercito britannico celebra il Seder pasquale insieme a soldati dell'8a armata britannica e G.I. americani della 5a armata. Italia, primavera 1944 (collezione dell'autore).

33 – Seder in Italy. A chaplain of the British Army celebrates the Passover Seder, together with soldiers of the British 8th Army, and G.I. of the 5th Army, spring 1944 (author's collection).

la 870a Mechanical Equipment Coy., di stanza in Tripolitania, e la 544a Mechanical and Electrical Coy., che svolgeva le sue funzioni in Libia ed in Egitto. Vi erano naturalmente le unità responsabili per la costruzione e la manutenzione di porti, la 1039a Port Operating Coy., ora stanziata in Tripolitania, e la 5a Dock Stores Section.
Un' unità che svolgeva un compito molto importante era la 1a M.E. Camouflage Coy., di stanza in Egitto e Siria. Questa unità si occupava di camuffare o mimetizzare le varie basi, di provvedere reti di mimetizzazione che coprissero cannoni, carri armati ed aerei, ma anche della costruzione di aerei o carri armati in legno, che dall'alto, osservati dai ricognitori nemici, avessero l'apparenza di mezzi veri.
Molto interessante è la storia della 524a Field Survey Coy., dove ha prestato servizio mio cugino, Boris Vinograd. La compagnia venne costituita nel 1942. Lo scopo primario dell'unità era quello di analizzare foto prese da aerei e trasformarle in carte geografiche. Questo compito richiedeva personale altamente specializzato, che veniva ammesso dopo un difficile esame. Contrariamente alle altre unità dell'esercito inglese, la distanza formale tra ufficiali e soldati in questa unità dei RE era ridotta al minimo. Entrambi erano tecnici, e la grande differenza tra i soldati e i loro ufficiali, era che questi ultimi sovrintendevano, dirigevano, e coordinavano il lavoro dei sottoposti, piuttosto che comandarli. La disciplina era nelle mani dei sergenti...*just in case*! All'inizio del 1944, la compagnia, fino ad allora di stanza in Egitto, raggiunse l'Italia. Dopo una breve permanenza a Bari, la destinazione della compagnia fu la Toscana. Stanziata a Siena, alla Chiocciola, una fattoria non lontano, e a Bosone, per il resto della campagna l'unità svolse meticolosamente i suoi compiti. Nel 1945 con lo sfondamento del fronte, la compagnia arrivò a Milano. La 524a non era l'unica compagnia dei RE, formata in Palestina, che servì in Italia. Di fatto

questa era stata preceduta dalla 20a Map Depot, che partecipò allo sbarco in Sicilia, e dalla 739a Artisan Works Coy., trasferita nell'ottobre 1943 dalla Palestina all'Italia. In seguito, la 1a M.E. Camouflage Coy., sbarcava a Taranto nel novembre 1943.
Un'altra compagnie dei RE che servì in Italia, fu la 643a Field Coy. La 743a Artisan Works Coy. divenne parte integrante della Brigata Ebraica, quando questa venne costituita in Egitto. Una delle unità più importanti era la 745a Artisan Works Coy., formata da operai e quadri della Solel Boneh, specializzata in costruzioni in cemento armato, ma anche il ramo edilizio dell'Histadrut. Il suo compito era naturalmente di riparare o costruire edifici o ponti danneggiati dalla guerra. Sbarcata nell'estate del 1944 la 745a Artisan Works Coy. seguì la 5a Armata, e fu tra le prime unità entrate a Milano con gli alleati all'inizio di aprile 1945.
La comunità ebraica della capitale lombarda era stata praticamente annientata dalla guerra. Fu compito dei soldati della 745a Artisan Works Coy. rimettere in piedi la comunità e ridare fiducia agli ebrei superstiti dell'Olocausto. Fin dal maggio 1945, questa iniziava la sua attività a Milano, in Via Unione, all'inizio con la collaborazione di soldati della Brigata Ebraica, allora accampata sul Tarvisio, e della 524a Field Survey Coy. L'edificio di Via Unione era una palazzina, già sede del Fascio, che era stata messa a disposizione della comunità dal Comitato Liberazione Alta Italia (CLNAI) grazie agli sforzi di Riccardo Lombardi e Ferruccio Parri.

La Brigata Ebraica: La formazione dell'unità e l'addestramento a Burg El Arab/The Jewish Brigade Group: The Formation and Training at Burg El Arab (foto 34-36).

▲ 34 – Il generale di Brigata Ernest Frank Benjamin (Cortesia dell'Imperial War Museum).

34 – Brigadier General Ernest Frank Benjamin (Courtesy of the Imperial War Museum).

Il lavoro venne coordinato dal commissario straordinario della comunità di Milano, Raffaele Cantoni, assistito da vari membri della comunità tra cui mio nonno, Emanuele Wofsi. Questa volta, però, il compito dei soldati venuti dalla Terra di Israele non si limita ad assistere la comunità ed i profughi. Coloro che desiderano immigrare nella Terra di Israele per ricostruirsi una vita spezzata dalla Shoah vengono assistiti ed incoraggiati incondizionatamente. Comincia la Bricha, o la fuga dei profughi ebrei dai paesi dell'Europa Orientale, soprattutto la Polonia, oramai sotto lo stivale di Stalin.
I profughi (Displaced People), vengono assistiti dai volontari venuti dalla Palestina in ogni modo, incluso trasporti in autocarri appartenenti alle varie compagnie. Questi profughi raggiungono i porti italiani, tra cui La Spezia. Vengono allora imbarcati su navi dirette in Palestina, che devono forzare il blocco della Royal Navy, per arrivare nella Terra di Israele.
Nel 1946, quando le varie compagnie vennero sciolte, ben 3.300 volontari avevano servito nei Royal Engineers e nei Royal Electrical and Mechanical Engineers. Due compagnie, la 525a Workshop Coy., e la 529a Workshop Coy., erano stanziate in Palestina. Ad essi vanno aggiunti altri 1.100 volontari che servirono nei Royal Corps of Signal, distribuiti in due sezioni, la 82a L.M. Section, 7a L. of C. Signals, e la 83a L.M. Section, 7a L. of C. Signals, entrambe di guarnigione in Iraq.

4. LA RAF E LE ATS

Circa 1.500 volontari vennero arruolati nella Royal Air Force (RAF). Se la maggior parte dei volontari servì come personale di terra, ben nove volontari vennero ammessi a corsi di volo e si diplomarono come piloti. Richard Levi-Archer fu il primo pilota che completò il corso di volo in Rhodesia.
Assegnato alla squadriglia 230, un'unità addetta al trasporto, volò per i cieli del teatro di guerra Sud est asiatico su un Short Sunderland. Richard morì in un incidente nell'ottobre del 1945, pochi mesi dopo la fine della guerra. Aaron Remez si arruolò nella RAF nel 1942, ed in seguito divenne un pilota, con il grado di sergente.
Servì nel teatro bellico dell'Europa Nord-Occidentale fino alla fine della guerra. Dan Tolkovsky entrò nella RAF nel 1943, e venne inviato ad una scuola di addestramento in Rhodesia, che completò ottenendo il grado di primo tenente. Fu il primo del suo gruppo a completare il corso, e servì per il resto della guerra prima come pilota da caccia, su Spitfire, e poi come pilota da ricognizione in Italia, Francia meridionale, e Grecia. Ezer Weizman si arruolò volontario nella RAF nel 1943, e venne inviato ad una scuola di addestramento in Rhodesia, che terminò con il grado di sergente. Weizman servì nel teatro d'operazioni del Sud Est Asiatico fino al termine della guerra. Molto importante per capire il successivo sviluppo di Zahal, l'esercito di difesa d'Israele, è il volontariato nel Auxiliary Territorial Service (ATS), il Servizio Territoriale Ausiliario femminile.
Costituito nel 1938, è stato disciolto nel 1949. Già durante la prima guerra mondiale, nel 1917, venne creato un corpo ausiliario femminile all'interno dell'esercito britannico, il Women's Auxiliary Army Corps (WAAC).
Il corpo venne sciolto nel 1921. Le prime reclute dell'ATS furono impiegate come cuoche, commesse di negozi e magazziniere. Circa 300 membri servirono in Francia nel 1939-40. Nel settembre 1941, ben 65.000 donne servivano nell'ATS in vari ruoli come autisti, lavoratrici postali e ispettrici alle munizioni.Nel 1945, saranno circa 195.000 le donne in servizio nell'ATS. Il corrispondente degli ATS era il Women's Royal Naval Service (WRNS) all'interno della RN, ed il Women's Auxiliary Air Force (WAAF) per la RAF. A metà del 1941 l'Agenzia Ebraica propose l'arruolamento di 5.000 donne, di cui 2.000 immediatamente.
Nel gennaio del 1942 partiva volontario il primo gruppo composto da 60 donne. Di fatto 3.500 donne ebree provenienti dalla Palestina servirono nel ATS, di cui 50 ufficiali. Altre 700 servirono nel WAAF. La maggior parte delle volontarie servì in compagnie miste anglo-palestinesi. Vennero costituite solamente poche compagnie, interamente costituite da ebree. Durante la battaglia di El Alamein, autiste del ATS, adibite al trasporto di rifornimento e munizioni, vennero impiegate in collegamento intensivo con le truppe in prima linea.
Hannah Levin, che servì come ufficiale delle ATS, in seguito divenne con il grado di maggiore il comandante del centro di arruolamento di Zahal. Il destino di un altro ufficiale, Ester Herlitz, fu del tutto diverso.
Herlitz servì nell'esercito di Difesa di Israele, divenne console a New York tra il 1954 ed il 1958, ambasciatore di Israele in Danimarca tra il 1966 ed il 1971, e membro della Knesseth per il partito Mapai, per ben due cadenze.

◄ 35 - Il generale di Brigata Ernest Frank Benjamin fotografato durante un discorso che ha dato in occasione della creazione della Brigata Ebraica, Cairo 1944 (Cortesia dell'Imperial War Museum). *35 - Brigadier General Ernest Frank Benjamin gives a speech in occasion of the formation of the Jewish Brigade Group, Cairo 1944 (Courtesy of the Imperial War Museum).*

► 36 – Soldati del reggimento palestinese, Brigata Ebraica, ripresi durante una parata davanti al generale di Brigata Benjamin, Burg El Arab, Egitto, Settembre 1944 (Cortesia dell'Imperial War Museum).

36 – Infantrymen of the Palestine Regiment, Jewish Brigade Group, marching past Brigadier Benjamin, Burg El Arab, Egypt, September 1944 (Courtesy of the Imperial War Museum).

LA BRIGATA EBRAICA
(THE JEWISH BRIGADE GROUP)

1. LE UNITÀ COMBATTENTI: IL PALESTINE REGIMENT E LA ROYAL ARTILLERY

Uno dei risultati dell'entrata in guerra dell'Italia nel 1940 fu che l'amministrazione mandataria si mostrò pronta al reclutamento di compagnie di fanteria. Per la prima volta, dall'inizio della guerra, agli ebrei che vivevano nella Palestina mandataria veniva permesso di portarsi volontari in unità di fanteria.

Così in settembre, esattamente un anno dopo lo scoppio della guerra veniva dichiarato aperto il reclutamento in compagnie di fanteria del 3° reggimento di fanteria, o Buffs, allora stanziato in Palestina. Contrariamente ai pionieri, in cui le compagnie erano miste, questa volta il governo mandatario richiese che venissero formate differenti compagnie di ebrei e di arabi. E cioè se la prima compagnia era formata da ebrei, la seconda sarebbe dovuta essere stata formata da arabi. Ciascuna compagnia doveva raggiungere il nominativo di 250 persone.

Ben presto vennero formate tre compagnie soprannumerarie dei Buffs, due composte interamente da ebrei ed una da arabi. Un insegna metallica portata con la scritta Buffs – Palestine, sulla spallina indicava l'appartenenza a queste compagnie. I volontari ricevettero in dotazione il Lee Enfield, ma si dovettero accontentare di buffetterie antiquate risalenti al primo conflitto mondiale, modello 1908. Inoltre al posto dei più moderni Bren, vennero distribuite mitragliatrici Vickers e Lewis, anche esse risalenti alla Grande Guerra.

L'Agenzia Ebraica fece presente questa "discriminazione", ma lo stato maggiore britannico rispose che per il momento le tre compagnie dei Buffs – Palestine erano adibite a compiti di guardia, e non si trovavano al fronte in Egitto. Inoltre in tutta onestà, bisogna fare presente che anche altri vari contingenti del Commonwealth, tra cui gli Australiani ed i Neo-Zelandesi utilizzavano all'inizio della guerra un equipaggiamento antiquato.

Nel giugno del 1941, vennero nominati i primi ufficiali ebrei di origine palestinese a livello di compagnia. Intanto l'Yishuv si dava da fare per affrettare il reclutamento, ora che le unità combattenti si stavano creando. Perciò il 3 ottobre 1941, venne indetta una manifestazione massiccia per spingere al volontariato.

Nel giugno del 1942 l'Agenzia Ebraica creò finalmente un centro di reclutamento nazionale. Come abbiamo rilevato in precedenza, questa decisione arrivò proprio al momento giusto, e il mese dopo, quando l'Afrika Korps minacciava di sfondare le difese dell'Egitto, l'arruolamento volontario raggiunse il massimo. Fu così che nell'agosto del 1942, l'amministrazione mandataria permise la creazione di un reggimento di fanteria composto interamente da nativi della Palestina Mandataria. Il reggimento prese il nome di Palestine Regiment. Il distintivo metallico di forma circolare rappresentava un albero di ulivo in forma stilizzata che poggiava sulle acque del Giordano. Il disegno era ispirato a monete coniate da Antipas I, la volpe dei Vangeli, per celebrare la fondazione di Tiberiade più di duemila anni prima.

Più prosaicamente il distintivo reggimentale era così simile alle monete in uso nel mandato, che presto il reggimento venne chiamato, Reggimento Cinque Piastre. La scritta che fece infuriare l'Agenzia Ebraica consisteva nella parola Palestina, in tre lingue, inglese, ebraico, ed arabo.

In ebraico, però l'amministrazione mandataria permise che venisse aggiunto l'acronimo E.I., o Eretz-Israel, e cioè Terra di Israele.

Gli ufficiali portavano un distintivo in argento più piccolo, consistente solamente nell'albero di ulivo sul bavero della giacca

La Brigata Ebraica: La visita di Moshe Shertok – Sharet /The Jewish Brigade Group: The visit of Moshe Shertok – Sharet.

►37 – La Brigata Ebraica si appresta alla visita di Moshe Shertok-Sharet, Brisighella, 3 aprile 1945 (Cortesia dell'Imperial War Museum).

37 – The Jewish Brigade Group ready to receive the visit of Moshe Shertok – Sharet, Brisighella, 3rd April 1945 (Courtesy of the Imperial War Museum).

►► 38 – Il generale di Brigata Benjamin ripreso durante una stretta di mano insieme a Moshe Shertok-Sharet, Brisighella, 3 aprile 1945 (Cortesia dell'Imperial War Museum).

38 –Brigadier General Benjamin shaking hands with Moshe Sharet, Brisighella, 3rd April 1945 (Author's Courtesy of the Imperial War Museum).

della tenuta di servizio invernale. Il distintivo portato sul cappello a visiera dagli ufficiali poteva essere fabbricato in ottone, con l'albero d'ulivo argentato. Il distintivo portato dai soldati sulla bustina era invece fabbricato in ottone. Fin dall'inizio il reggimento aveva però un chiaro carattere ebraico. Infatti delle quattro compagnie che lo costituivano, tre erano formate interamente da ebrei, e la quarta, a corto di personale, era formata da arabi.
Finalmente nel novembre del 1942 dalle quattro compagnie venivano creati due battaglioni, il primo composto dalle prime due compagnie, interamente composti da ebrei, ed il secondo battaglione composto da una compagnia formata da ebrei, e da una seconda formata da arabi.
Nel marzo del 1943, ai primi due battaglioni, stanziati in Palestina, si era aggiunta una compagnia. La 22a Coy. stanziata in Egitto, ed altre quattro compagnie, le 24a, 26a, 28a, 30a Coys., stanziate nella Palestina Mandataria. Un ennesima compagnia, la 100a Garrison Coy., anch'essa stanziata nel territorio del Mandato, aveva però compito di guarnigione, e svolgeva il suo compito in concomitanza con la Jewish Settlement Police.
In aprile il 2° Battaglione viene stanziato a Bengasi, mentre le quattro compagnie, le 24a, 26a, 28a, 30a Coys., vengono formate nel neo-costituito 3° Battaglione, che così completa i propri effettivi. Va fatto presente che oramai la seconda compagnia del secondo battaglione, interamente costituita da arabi e ridotta al minimo per

diserzioni viene sostituita dalla 22a Coy., allora di stanza in Egitto.
Di fatto nell'estate del 1943 il Palestine Regiment è costituito in tutto e per tutto da volontari ebrei.
Tuttavia, al contrario delle compagnie del RASC, non ha diritto né di esporre la bandiera sionista, né ha diritto a gagliardetti di compagnia decorati con la Stella di Davide. Per quanto riguarda l'amministrazione mandataria, è un reggimento palestinese.
Il malcontento scoppia nell'ottobre del 1943, quando il 2° Batt. del Palestine Regiment si ammutina, facendo richiesta di potere esporre la bandiera sionista.

Forse la parola ammutinamento è troppo forte, e definirlo un atto di insubordinazione sarebbe più adatto, anche perché il tutto si riduce ad una lettera molto cortese rivolta dagli ufficiali e soldati al proprio colonnello. Questo però basta per il comandante del battaglione, un anziano colonnello di carriera, che chiede di essere destituito dal suo incarico. L'alto comando dell'esercito britannico però si rende conto che "fare la guardia ad una tanica di benzina" non è certo l'ideale per un gruppo di volontari, il cui sogno è quello di affrontare i tedeschi sul campo di battaglia. Quindi il 2° Batt. viene inviato nel deserto dove inizia un addestramento specializzato a El-Abiar. A suo modo, gli "ammutinati", l'hanno avuta vinta. Di fatto la protesta ha avuto così successo, che lo stesso mese, novembre 1943, il 1° e 3° battaglione del Palestine Regiment fanno richiesta di cambiare il distintivo reggimentale. Le autorità britanniche non reagiscono.
La fanteria non era l'unica arma combattente, ne la prima, formata da volontari ebrei. Fino dall'estate del 1940, l'amministrazione mandataria permise il reclutamento nell'artiglieria, o Royal Artillery.
La Royal Artillery come corpo separato venne costituita nel 1716. Da allora prese parte ad ogni campagna dell'esercito britannico, non a caso il motto del corpo era *Ubique*, (dovunque). Nel 1741 venne creata la Royal Military Academy a Woolwich, all'interno del Royal Arsenal, il cui scopo era formare ed addestrare i futuri

La Brigata Ebraica: Pasqua al Fronte / The Jewish Brigade Group: Passover on the Front
(foto da 39 a 41)

◄ 39 – Il cappellano militare Rav Israel Brodie, il cappellano militare più anziano nell'esercito britannico in visita al quartier generale della Brigata Ebraica, Mezzano, 21 marzo 1945 (Cortesia dell'Imperial War Museum).

39 – Chaplain Rabbi Israel Brodie, senior Jewish Chaplain of the British army, visits the headquarters of the Jewish Brigade Group, Mezzano, 21st March 1944, (Courtesy of the Imperial War Museum).

▲ 40 – Il cappellano militare della Brigata Ebraica, Caspar spiega come prepararsi a celebrare il Seder pasquale al fronte, Brisighella, aprile 1945 (Cortesia dell'Imperial War Museum).

40 – Brigadè Chaplain Caspar addresses the soldiers, while the Jewish Brigade Group prepares to celebrate the Seder, Brisighella, April 1945, (Courtesy of the Imperial War Museum).

ufficiali dell'artiglieria e del genio. Nel 1793 venne creato il corpo di artiglieria a cavallo, o Royal Horse Artillery. Il 1° luglio 1899, la Royal Artillery venne stato diviso in tre gruppi: il Royal Horse Artillery, che consisteva in ben 21 batterie di artiglieria, la Royal Field Artillery, che numerava ben 95 batterie, e 91 compagnie, adibite alla difesa costiera, guerra di montagna, assedio e batterie pesanti, che portavano il nome di Royal Garrison Artillery.
Nel 1920 venne istituito il grado di bombardiere. Solamente nel 1924 le tre sezioni vennero di nuovo amalgamate in unico Regiment of Royal Artillery.
Nel 1938, le brigate della Royal Artillery vennero ribattezzate reggimenti. Durante il secondo conflitto mondiale servirono nella Royal Artillery circa un milione di uomini, divisi in 960 reggimenti.
La prima batteria di artiglieria che venne creata, composta da volontari, era una batteria di artiglieria costiera. Con il tempo la batteria si trasformò in un intero reggimento, il 14° Coastal Regiment. Alcune batterie vennero stanziate a Haifa nella località di Stella Maris. Questo permetteva un'osservazione e controllo di tutto quello che succedeva nella sottostante baia di Haifa. Ovviamente il compito principale era quello di difendere le raffinerie di petrolio, ed il condotto che portava il grezzo dall'Iraq. Non c'è dubbio che la batteria di artiglieria costiera di Haifa passò alla storia per avere dato il colpo di grazia al sommergibile italiano Scirè, veterano dell'Impresa di Alessandria come parte della Xa Flottiglia MAS.

▲ 41 – Un gruppo di soldati della Brigata Ebraica fotografati mentre leggono l'Haggadah di Pasqua, Brisighella, aprile 1945 (Cortesia dell'Imperial War Museum).

41 - A group of soldiers of the Jewish Brigade Group reading the Passover Haggadah, Brisighella, April 1945 (Courtesy of the Imperial War Museum).

Il 10 agosto 1942 la Royal Navy individuò il sottomarino che si stava avvicinando al porto di Haifa. Il sottomarino fu individuato per il semplice fatto che la Regia Marina aveva affidato le proprie comunicazione ai tedeschi, senza però sapere che il sistema di crittazione Enigma era stato decriptato dai britannici fin dall'inizio della guerra.
La Royal Navy permise al sottomarino di avvicinarsi all'imboccatura del porto per poterlo immobilizzare con più facilità. Alle 10.30 aerei da ricognizione identificarono la sagoma immersa del sottomarino italiano. Immediatamente fu attaccato da bombe di profondità della corvetta H.M.S. Islay. Parzialmente danneggiato, il sottomarino dovette emergere.
Fu subito bersagliato dai tiri precisi della batteria costiera localizzata a Stella Maris, che ne provocarono il rapido affondamento. Non vi furono superstiti. Per sicurezza l'H.M.S. Islay lanciò altre sei cariche di profondità. Le 42 salme vennero recuperate solamente nel 1984 in seguito ad un accordo tra Italia ed Israele.
Il successo dell'artiglieria costiera portò l'amministrazione mandataria ad affidare parzialmente la difesa anti aerea della Palestina a volontari ebrei. Venne così costituita la 1a Pal. Lgt. A.A. Btry., dotata di cannoni Bofors A.A. da 40 mm.
L'ultima unità ad essere organizzata fu un reggimento di artiglieria da campagna. Il 200° Field Regiment della R.A. consisteva in due batterie per un totale di 16 cannoni.
Questi erano il BL 5.5 inch, il pezzo d'artiglieria di campagna più in uso nell'esercito inglese durante il secondo conflitto mondiale. Intanto nel novembre del 1943, la 1a Pal. Lgt. A.A. Btry., veniva trasferita dalla Palestina a Cipro, mentre un distaccamento dell'artiglieria costiera, la D/434 Coast Btry. veniva trasferito in Siria.

TAVOLA A

1 2 3 4

TAVOLA B

TAVOLA C

TAVOLA D

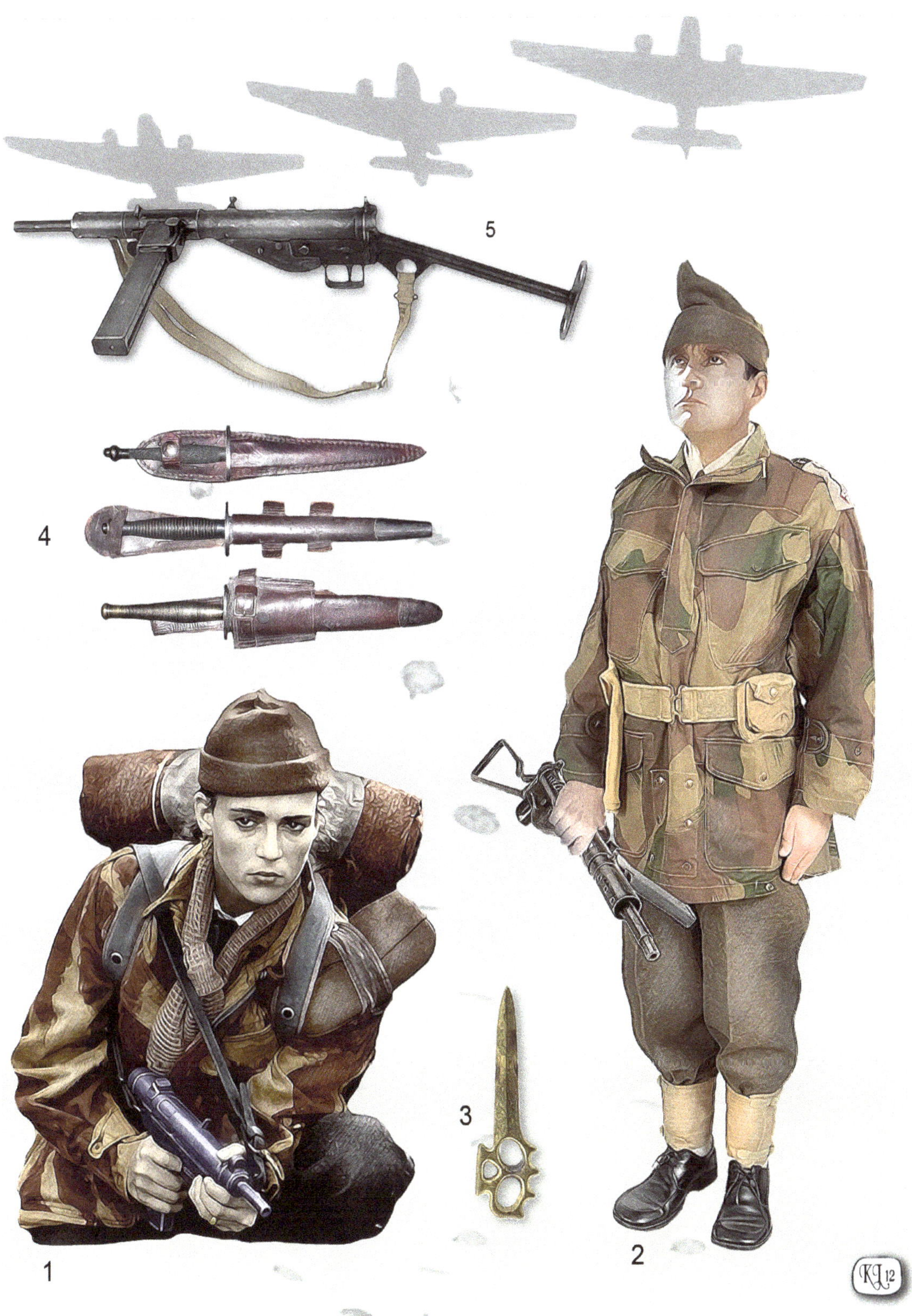

TAVOLA E

TAVOLA F

TAVOLA G

7
PALESTINE
5
חיל התותחנים
R.A
6
200 JEWISH FD. RGT.
R.A.
PALESTINE POLICE
4
3
PALESTINE
HIGH
1
2
KL 12

TAVOLA H

9
PALESTINE
8
PALESTINE
7
PALESTINE
6
PALESTINE
5
PAL ESTINE
10
PALESTINE
4
3
PALESTINE
PALESTINE
2
PALESTINE
1
PALESTINE
KL 12

TAVOLA I

7
8
LABOR OMNIA VINCIT
5
ATS
6
UBIQUE
QUO FAS ET GLORIA DUCUNT
4
R E
PALESTINIAN
2
RAF
1
3
KL 12

TAVOLA J

PALESTINE
JEWISH BRIGADE GROUP
JEWISH BRIGADE GROUP
JEWISH BRIGADE GROUP
JEWISH BRIGADE GROUP
ROYAL ARMY SERVICE CORPS
BUFFS
PALESTINIAN
6
4
3
2
5
1

TAVOLA K

TAVOLA L

TAVOLA M

TAVOLA N

It's your turn!
JOIN THE A.T.S.
They prefer Dafne cigarettes
לבשי בגדי תפארתך

TAVOLA O

צא
בעקבותי!
PALESTINE
שנה טובה!
יצהר
JOIN ME NOW !
SHAMIR
משרדי הגיוס הצבאיים: תל·אביב, בית הדר ·ירושלים, ככר ציון ·חיפה, רח' הבנקים 4

TAVOLA P

2. LA CREAZIONE DELLA BRIGATA EBRAICA

All'inizio del 1944 era chiaro che i volontari ebrei erano inquadrati in unità combattenti di fanteria ed artiglieria. Queste erano stanziate in tutto il Medio Oriente, Palestina, Siria, Cipro, Egitto, e Tripolitania. Era anche chiaro, che era tempo che agli ebrei fosse concesso la creazione di una forza combattente che avrebbe potuto partecipare alla guerra contro i paesi dell'Asse. Gli orrori dell'Olocausto erano oramai palesi. Nel febbraio vennero ripresi i negoziati tra l'Agenzia Ebraica ed il governo inglese per lo stabilimento di una forza di combattimento ebraica. Intanto il 1° battaglione del Palestine Regiment venne inviato in Egitto. Finalmente, il 3 luglio 1944 il governo inglese consentiva alla formazione di una Brigata Ebraica di Combattimento (Jewish Brigade Group). L'amministrazione mandataria aveva posto il nulla osta. Di fatto, poiché la guerra si era allontanata dal Medio Oriente, non vi era alcun motivo che i volontari ebrei non ricevessero un addestramento adeguato, e venissero oramai inquadrati in una brigata ed inviati al fronte. Questo non avrebbe in alcuna misura allarmato gli arabi, che si sarebbero sentiti minacciati dalla presenza di volontari ebrei, armati fino ad i denti, e perfettamente addestrati. Per il War Office, era chiaro che la destinazione più ovvia per la Brigata Ebraica sarebbe stato l'estremo oriente, in India o in Birmania, dove i volontari ebrei avrebbero potuto battersi contro i Giapponesi. L'idea non era così balzana. In India vi erano già parecchi piloti e medici provenienti dalla Terra di Israele, che servivano all'interno di unità britanniche. Un altra possibilità era l'Europa Nord – Occidentale. Gli anglo-americani erano sbarcati meno di un mese prima sulle coste della Normandia, e la battaglia infuriava tra i *Bocages*. Una brigata indipendente di fanteria sarebbe stato un rinforzo benvenuto. Il problema era che non vi erano né volontari, né unita ebraiche nel teatro d'operazioni. Finalmente il War Office si risolse a scegliere l'Italia come teatro d'operazioni.

Restava oramai da scegliere un distintivo adatto ad una brigata composta interamente da ebrei. Churchill si rivolse a Weitzmann. Di fatto, nella corrispondenza tra Churchill e Weitzmann, vi è una lettera di Churchill, datata il 5 agosto 1944, in cui il leader inglese spiega all'anziano leader sionista che presto discuterà con

La Brigata Ebraica: Di fronte ai Nazisti sul fronte del Senio / The Jewish Brigade Group: Facing the Germans on the Senio Front. (foto da 42 a 51)

▲ 42 – Un soldato della Brigata Ebraica, Fronte del Senio, marzo 1945 (Cortesia dell'Imperial War Museum).

42 - A private of the Jewish Brigade Group, Italy, Senio Front, March 1945 (Courtesy of the Imperial War Museum).

◄ 43 – Soldati del Palestine Regiment, Brigata Ebraica, in marcia di perlustrazione, Sant'Alberto, fronte del Senio, marzo 1945 (Cortesia dell'Imperial War Museum).

43 - Infantrymen of the Palestine Regiment, Jewish Brigade Group, marching, Italy, Sant' Alberto, Senio Front, March 1945 (Courtesy of the Imperial War Museum).

◄ 44 - Soldati del Palestine Regiment, Brigata Ebraica, in marcia di perlustrazione, Sant'Alberto, fronte del Senio, marzo 1945 (Cortesia dell'Imperial War Museum).

44 - Infantrymen of the Palestine Regiment, Jewish Brigade Group, marching, Italy, Sant' Alberto, Senio Front, March 1945 (Courtesy of the Imperial War Museum).

► 45 - Soldati del Palestine Regiment, Brigata Ebraica, in pattugliamento, Mezzano, fronte del Senio, marzo 1945 (Cortesia dell'Imperial War Museum).

45 - Infantrymen of the Palestine Regiment, Jewish Brigade Group, patrolling the area of Mezzano on the Senio Front, March 1945 (Courtesy of the Imperial War Museum).

◄◄ 46 - Soldati del Palestine Regiment della Brigata Ebraica in pattugliamento nell'area di Alfonsine, fronte del Senio, marzo 1945 (Cortesia dell'Imperial War Museum).

46 - Infantrymen of the Palestine Regiment, Jewish Brigade Group, patrolling the area of Alfonsine, Senio Front, March 1945 (Courtesy of the Imperial War Museum).

il ministero della Guerra le proposte dell'Agenzia Ebraica per la creazione della Brigata Ebraica. Il primo ministro inglese chiede altresì consiglio a Weitzmann quale bandiera la brigata avrebbe dovuto adottare. Weitzmann rispose, mandando al leader del mondo libero uno schizzo della bandiera, la quale consisteva in due bande orizzontali su sfondo bianco con al centro la Stella di Davide. Questa bandiera, che è l'attuale bandiera dello Stato di Israele, era la bandiera adottata dal movimento sionista. Il 28 ottobre Churchill rispose al suo amico Weitzmann, che il Gabinetto di Guerra aveva approvato il progetto, e che la bandiera sionista sarebbe sventolata sul suolo italiano, dove la Brigata Ebraica era destinata. Di fatto la Brigata Ebraica possedeva due bandiere, la bandiera dell'unità, e cioè la bandiera sionista, e naturalmente la Union Jack, poiché l'unità era parte integrante dell'esercito britannico.

Il distintivo portato sulla manica dell'uniforme consisteva nel flash, con su scritto in inglese Jewish Brigade Group, ed in ebraico Hayl, acronimo di Hativa Ivrith Lochemeth. Sembra che furono realizzate due versioni del flash, la prima in rosso con scritte in bianco, da portare sull'uniforme di libera uscita, e la seconda versione verdastra da portare sull'uniforme di combattimento. Sotto il flash, veniva portata un insegna quadrata, che consisteva in tre strisce verticali, azzurro, bianco, azzurro, ed al centro la Stella di Davide dorata. Il motivo per cui la stella di Davide era dorata e non blu era palese. Questa stella di Davide doveva essere l'antitesi della Stella di Davide, che i nazisti avevano imposto di portare agli ebrei che vivevano nell'Europa occupata, che aiutava la loro identificazione come tali. Segno che creava immediatamente una barriera invalicabile tra loro ed il mondo

circostante, e che li avrebbe accompagnati nei campi di sterminio. Insomma la stella gialla della Brigata Ebraica era il simbolo del riscatto e dell'onore, del popolo ebraico che combatteva per la propria dignità e per prendere il suo posto legittimo tra le nazioni del mondo libero nella sua battaglia contro il nazismo.

Il 20 settembre 1944, il governo di Londra dette il pieno consenso alla costituzione della Brigata Ebraica, seguendo un comunicato ufficiale rilasciato dal War Office. Il 29 dello stesso mese, Churchill ne dava l'annuncio in Parlamento con queste parole: *"So benissimo che c'è un gran numero di ebrei nelle nostre forze armate ed in quelle americane, ma mi è sembrato opportuno che fosse costituita un unità formata esclusivamente da soldati di questo popolo che così indescrivibili tormenti ha dovuto patire dai nazisti, e che fosse presente come formazione a se stante fra tutte le forze che si sono riunite per sconfiggere la Germania."* In seguito Churchill in telegramma personale a Roosevelt affermava, che: *"Di tutte le razze, sono gli ebrei che più di tutti gli altri hanno il diritto di battersi contro i Tedeschi in unità propria".* Il presidente americano naturalmente rispose che non aveva alcuna obiezione.

Rimaneva la scelta del generale che avrebbe potuto comandare la Brigata Ebraica, e che naturalmente avrebbe dovuto essere ebreo ed inglese. La scelta naturale sarebbe stata Frederick Kisch, ma questo era caduto l'anno prima in Tunisia. Altre scelte possibili erano Eddy Mayer dei R.E., e Beddington, dei Queen's Bays. Ma entrambi erano tiepidi nei riguardi del Movimento Sionista. Restava il generale Ernest Frank Benjamin. Nato nel 1900 in Canada, ma soggetto britannico, nel 1919 entrava Royal Military Academy of Woolwich e lo staff College di Camberley. Si diplomò come sottotenente nei R.E. Tra le due guerre aveva servito in Turchia, Malesia, e Madagascar. All'inizio della seconda guerra mondiale aveva raggiunto il grado di maggiore. Nei primi anni di guerra gli fu assegnato di coordinare la cooperazione tra la divisone del genio, RE, in servizio presso la Royal Navy. Nel 1943 venne trasferito allo stato maggiore dell'esercito britannico in Medio Oriente. Lì servì come assistente del commissariato generale. Rimase nell'incarico fino all'inizio del 1944, quando venne nominato assistente al responsabile dell'addestramento delle forze militari britanniche dislocate in Medio Oriente.

Non c'è dubbio che Benjamin era la persona adatta. Innanzitutto, nonostante che l'Agenzia Ebraica avesse organizzato nell'autunno del 1944 una campagna di arruolamento nella neocostituita Brigata Ebraica, questa volta i risultati furono scarsi. Il motivo era palese, non vi erano più persone in età tra i venti ed i quaranta all'interno dell'Yishuv che non fossero già impegnati nello sforzo militare bellico. Fu così che la Brigata Ebraica completò a fatica i suoi effettivi che includevano i tre battaglioni di fanteria del Palestine Regiment:1°, 2° e 3°

Batt., il neo costituito 200° Field Regiment, R.A., che dava alla Brigata Ebraica il supporto strategico di una sua artiglieria propria, due compagnie, la prima dei R.E., la 643a Coy., che si sarebbe rivelata fondamentale nell'identificare e bonificare campi di mine, e la seconda, la 178a Coy. del RASC, che assicurava il trasporto della brigata ed il rifornimento d'acqua.

Ad essa si aggiungeva una compagnia del Royal Army Medical Corps, o RAMC, la 140a Field Ambulance, ed un battaglione del Ordnance, responsabile per la manutenzione delle armi. Il problema, palese a tutti, era che da un lato l'Yishuv voleva partecipare a tutti i costi, alla guerra contro i nazisti, dall'altro un affrettata preparazione sarebbe potuta risultare in un disastro. Va tenuto presente che nel 1944, nonostante la coscrizione, anche l'esercito britannico cominciava essere a corto di uomini, ed inoltre, il comando britannico era molto sensibile alle perdite, molto di più degli altri stati belligeranti. Come diceva il Duca di Wellington, non vi è nulla di più tragico dopo una battaglia perduta, che una battaglia vinta. Era chiaro che l'unico ufficiale che avrebbe potuto guidare la Brigata Ebraica sui campi di battaglia, ancora una forza inesperta, e l'avrebbe potuta trasformare in un effettiva forza di combattimento, era il brigadier generale Benjamin. Questi, una volta assunto il comando della Brigata Ebraica, si recò ad Alessandria ad incontrare Moshe Shertock-Sharett, direttore del dipartimento politico dell'Agenzia Ebraica. Benjamin si ritrovò a studiare l'ebraico, lingua che non parlava e leggeva dall'epoca del suo Bar Mitzvah. Per Benjamin era fondamentale comunicare direttamente con i soldati posti sotto il suo comando.

Raccolti ad Alessandria, il 20 settembre, i tre battaglioni di fanteria del Palestine Regiment salirono su un treno diretto ad Bahig, una piccola località situata a metà strada tra Alessandria ed El-Alamein. Di lì procedettero verso il piccolo villaggio di Burgh El Arab, dove si accamparono. Benjamin sottopose per ben cinque settimane i tre battaglioni di fanteria ad un addestramento intensivo. Innanzitutto Benjamin impose, secondo la più stretta tradizione militare anglo-sassone, un addestramento all'uso del Lee Enfield, un ottima arma, e se ben utilizzata, assai precisa. Uno scambio di fucileria che spesso si rivelava fatale all'avversario faceva parte delle tradizioni militari della fanteria britannica fin dalle guerre napoleoniche. Ufficiali e sottufficiali mantennero in uso il Thompson, che era ben più preciso dello Sten, utilizzato dalla maggior parte della fanteria inglese. Inoltre, i soldati impararono ad utilizzare la mitragliatrice Bren e l'arma controcarro Piat. Tra i personaggi più interessanti che raggiunsero Burgh El Arab, vi era il sergente maggiore Israel Carmi, un veterano della guerra del Deserto nel S.I.G., o Special Interrogation Group, una delle varie unità non convenzionali create dall'esercito inglese. Finalmente il 31 ottobre, Benjamin giudicò che la prima parte dell'addestramento era stata completata con successo. I tre battaglioni una volta arrivati ad Alessandria, vennero imbarcati sul cargo H.M.T Staffordshire, adibito al trasporto di truppe. Lo stesso giorno la nave salpò alla volta dell'Italia. Non pochi dei soldati si

◄ 47 - Soldati del Palestine Regiment della Brigata Ebraica in pattugliamento nell'area di Mezzano, fronte del Senio, marzo 1945 (Cortesia dell'Imperial War Museum).

47 - Infantrymen of the Palestine Regiment, Jewish Brigade Group, patrolling the area of Mezzano, Senio Front, March 1945 (Courtesy of the Imperial War Museum).

► 48 - Soldati del Palestine Regiment della Brigata Ebraica avanzano su carri armati del Royal Irish Horse nell'area di Mezzano, fronte del Senio, marzo 1945 (Cortesia dell'Imperial War Museum).

48 - Infantrymen of the Palestine Regiment, Jewish Brigade Group, advancing on tanks of the Royal Irish Horse, moving in the area of Mezzano, Senio Front, March 1945 (Courtesy of the Imperial War Museum).

trovarono a combattere, a causa del maltempo, il loro primo nemico, il mal di mare. Finalmente il 5 novembre, dopo quasi una settimana di viaggio, i tre battaglioni sbarcavano a Taranto.
Cinque giorni dopo, il 10 novembre, raggiungevano Fiuggi, a circa settanta chilometri da Roma. Fiuggi prima della guerra era un importante stazione termale. La città era costituita dall'antica città medievale, che si trovava all'altezza di ben 2.500 piedi su Fiuggi Fonte, dove aveva sede il complesso termale. Benjamin stabilì il quartier generale nello stabilimento *Acqua di Fiuggi*, mentre lui prese alloggio nel *Grand Hotel Palazzo della Fonte*. Subito i vari alberghi vennero coperti di cartelli in inglese ed ebraico. A Fiuggi arrivarono anche le unità ancillari dell'artiglieria, genio, e trasporti. Iniziava tra le montagne dell'Irpinia, in un freddo quasi polare, vi era già la neve, la seconda fase dell'addestramento. Lo scopo primario dell'addestramento era duplice, innanzitutto creare una coordinazione tra i battaglioni di fanteria e le unità ancillari. Inoltre la Brigata Ebraica doveva abituarsi ad un tipo di terreno ben diverso da quello del Deserto Occidentale.
Finalmente agli occhi dell'Yishuv, il comando britannico era ora pronto ad insegnare agli ebrei come un esercito moderno fa la guerra. Benjamin dette istruzioni per esercitazioni a livello di plotone, sia in attacco che in difesa. Queste esercitazioni includevano combattimento casa per casa in zona urbana, l'attraversamento di fiumi, la bonifica di campi minati, e l'invio e la decodificazione dei messaggi, tutte cose all'ordine del giorno. In seguito, vi furono varie esercitazioni a sud di Roma, nelle zone di Colleferro, Zagarolo, e Palestrina. L'addestramento continuò tra il novembre del 1944 fine a tutto febbraio del 1945. All'inizio di febbraio, il giorno 8, Benjamin si incontrò con Moshe Sharet per rassicurarlo.
La Brigata Ebraica avrebbe presto completato le esercitazioni e sarebbe pervenuta al fronte.
Pur tuttavia Benjamin faceva presente al rappresentante dell'Agenzia Ebraica, che ben due terzi degli ufficiali erano totalmente privi di esperienza, per non parlare della truppa. Intanto, il comando britannico si domandava cosa sarebbe successo se membri della Brigata Ebraica fossero caduti nelle mani dei Nazisti. La domanda era legittima. La formazione della Brigata Ebraica non era passata inosservata, e la propaganda dell'Asse, inclusa quella della Repubblica di Salò, inveiva sugli alleati anglosassoni che stavano per *"sguinzagliare un intera brigata formata da cani ebrei."* In verità dietro queste parole si celava il terrore dei tedeschi che ben sapevano cosa avevano fatto agli ebrei, e temevano che i soldati della Brigata Ebraica si saerebbero legittimamente vendicati.
Poi arrivò l'ordine di procedere per il fronte. Finalmente il 26 febbraio, alla vigilia di Purim, i soldati del 1° e 2° battaglione fecero ingresso nella città eterna, proseguendo poi verso nord per Foligno. I soldati del 3° battaglione rimasero invece ancora a Fiuggi. A causa degli ingorghi che intasavano la Casilina, i battaglioni si ritrovarono a Cervia, luogo del raduno dei battaglioni di fanteria e delle unità ausiliarie prima di essere dispiegate sul fronte.

3. LA BRIGATA EBRAICA AL FRONTE

Alla fine di febbraio, la Brigata Ebraica veniva trasferita sul fronte nella zona di Alfonsine , a nord – ovest di Ravenna. Il settore era relativamente calmo, ed era perciò il posto ideale per una unità che non aveva mai combattuto, o come dicono gli americani, che non aveva mai *"shot a bullet in anger"*. La Brigata Ebraica entrava a fare parte dell'8a Divisione Indiana, una formazione oramai veterana – che aveva combattuto a Cassino - sul fronte italiano. Questa, parte integrante del V° Corpo dell'8a Armata, era formata da tre distinti gruppi, la divisione indiana, gli scozzesi del 1° Battaglione degli Argyll and Sutherland Highlanders, e la Brigata Ebraica. Vicino all'area occupata dalla Brigata Ebraica, si trovava Brigata Corazzata Royal Irish Horse, con cui la Brigata con la Stella di Davide avrebbe strettamente collaborato il primo mese al fronte. La divisione faceva parte del XV Gruppo d'Armate agli ordini del Generale Clark a cui era sottoposta l'8a Armata britannica agli ordini del canadese McCreery. L'8a Divisione Indiana era posizionata sul fronte orientale della Linea Gotica. Di fronte alla Brigata Ebraica, le unità dell'esercito tedesco consistevano sulla sinistra, nella 362a Divisione di Fanteria, lungamente sperimentata sul fronte russo. L'ala destra dello schieramento tedesco era costituita dal 40° Reggimento, 42a Divisione Jaeger, anch'essa un'unità che aveva combattuto sul fronte russo. Il 3 marzo, il 3° battaglione giungeva a Russi come riserva della veterana 8a Divisione Indiana. Questi era seguito il giorno successivo, il 4 marzo, dal 2° battaglione. Infine, il 1° battaglione, una volta arrivato a Villanova e poi a Ravenna, raggiungeva il fronte a nord di Mezzano e completava lo schieramento. Benjamin ordinò che i tre battaglioni si alternassero sulla linea del fronte. Siccome questa era relativamente estesa, due battaglioni occupavano il fronte, mentre il terzo stava in riposo nelle retrovie. I compiti della Brigata Ebraica appena arrivata al fronte erano duplici, costituire gruppi esploranti, che avrebbero pattugliato la zona insieme alla Brigata Corazzata Royal Irish Horse, e costituire invece pattuglie di ricognizione a sè stanti. Lo stesso giorno che la Brigata Ebraica inizia a schierarsi sul fronte, è coinvolta in un contrattacco supportata da ben dodici carri del Royal Irish Horse. Il battesimo del fuoco della Brigata Ebraica avviene nella notte tra 3 e 4 marzo, quando uscirono le prime pattuglie per sondare le esatte posizioni del nemico. Una di esse sotto il comando del sergente Eliahu Lankin, 2° Batt. superò il canale Fosso Vetro che attraversava il settore. Le artiglierie tedesche, una volta individuata la pattuglia, aprirono subito il fuoco sulle posizioni tenute dal 1° e 2° Batt. La risposta della Brigata Ebraica non si fece attendere. L'indomani, alle prime ore del mattino del 4 marzo, furono evacuate i primi due feriti del 2° Batt., colpiti da mortai. Alla fine della giornata, il 2° Batt. lamentava tre feriti tra i quali un ufficiale, vittima di mine anti uomo. Tuttavia i soldati della Brigata Ebraica presero dei prigionieri, che vennero in seguito interrogati. Si verificò anche il decesso del soldato A. Goldrin in seguito ad incidente. Questi venne tumulato nel Cimitero Militare Britannico di Bologna, S. Lazzaro. Il 6 marzo, il brigadiere T.S Dobree, comandante dell'8a Divisione Indiana ispezionava il

◄ 49 - Soldati del Palestine Regiment della Brigata Ebraica avanzano su carri armati del Royal Irish Horse nell'area di Mezzano, fronte del Senio, marzo 1945 (Cortesia dell'Imperial War Museum).

49 - Infantrymen of the Palestine Regiment, Jewish Brigade Group, advancing on tanks of the Royal Irish Horse, moving in the area of Mezzano, Senio Front, March 1945 (Courtesy of the Imperial War Museum).

► 50 - Una pattuglia del Palestine Regiment della Brigata Ebraica, Villa S.G. in Vezzano, aprile 1945 (Cortesia dell'Imperial War Museum).

50 - A patrol of the Palestine Regiment, Jewish Brigade Group, Villa S.G. in Vezzano, April 1945 (Courtesy of the Imperial War Museum).

►► 51 – Il Capitano Haim Laskov, del Palestine Regiment della Brigata Ebraica (Cortesia dell'Imperial War Museum).

51 – Captain Haim Laskov, Palestine Regiment, Jewish Brigade Group (Courtesy of the Imperial War Museum).

2° Batt., che due giorni prima aveva affrontato il nemico. Durante l'ispezione, i tedeschi colpirono gli avamposti della Brigata Ebraica con colpi di mortaio e granate. Nei giorni successivi continuò lo scambio del fuoco. Il 7 marzo, un ufficiale del 2° Batt., venne ferito, insieme a due soldati del 1° Batt. L'8 marzo rimaneva ferito un sottufficiale. Tuttavia verso la fine del giorno si assistette ad una diminuzione del fuoco dell'artiglieria e mortai nemici. Ancora una volta, il 10 marzo gli avamposti della Brigata Ebraica venivano colpiti con mortai. Il giorno successivo, il 3° Batt. dava il cambio al 2° Batt., che passava in riserva. Prima di passare in riserva, pattuglie del 2° Batt. uscite in perlustrazione nella terra di nessuno per individuare la presenza di guadi del torrente Fosso – Vetro, si ritrovarono in un campo di mine. Il nemico ne scoprì la presenza e una delle pattuglie fu costretta a ritirarsi. Era venuto il momento che anche il 3° Batt. cominciasse ad avere esperienze del fronte. Durante il cambio, i tedeschi attaccarono con mortai e mitragliatrici, ma questa volta la risposta dell'artiglieria da campo della Brigata Ebraica non si fece attendere. Un sottufficiale venne tuttavia ferito. Lo stesso giorno, arrivava in visita ai quartiere generale della Brigata Ebraica, Claire Booth Luce, uno dei pochi membri femminili del Congresso Americano e membro del Partito Repubblicano. Sembra che Claire Booth Luce rimase molto impressionata ed in seguito, commentando sul volontariato degli ebrei nella Terra di Israele, affermò che, se gli americani avessero fatto la stessa cosa, l'esercito sarebbe giunto a ben 12.000.000 di soldati. I due giorni successivi furono caratterizzati da attività nemica, il 12 marzo colpi di mortaio arrivarono sugli avamposti, ed il 13 venne osservata un aumento dell'attività di gruppi nemici nel settore del fronte occupato dalla Brigata Ebraica. Era chiaro che i tedeschi volevano approfittare dal fatto che l'unita davanti a loro era ancora inesperta. Il 14 marzo, la Brigata Ebraica reagì. Una pattuglia del 1° Batt. si scontrò con il nemico. Un ufficiale e due sottufficiali rimasero feriti. Il giorno successivo, il 15 marzo, il 3° Batt., tendeva con successo un imboscata a pattuglie nemiche. L'imboscata costò non meno di otto morti al nemico. Nessuna perdita venne registrata dalla Brigata Ebraica, ad eccezione di tre feriti per effetto di mine. Benjamin si rese conto che d'ora in avanti la più stretta collaborazione tra le pattuglie di fanteria ed il genio era necessaria. Dunque reparti del genio si affiancano alla fanteria. La Brigata Ebraica continua ad attaccare. Il 16 marzo una pattuglia

del 3° Batt., sotto gli ordini di Bob Hendler, attacca una postazione tedesca nelle vicinanze di una barca, ormeggiata sulle rive di Fosso Vetro. Il risultato è che ben 8 soldati nemici sono catturati. Il 17 Marzo il 2° Batt. da il cambio al 1° Batt. che passa in riserva. Due settimane e mezza dopo il posizionamento sul fronte, tutti e tre i battaglioni di fanteria hanno passato una permanenza al fronte. Non solo, sembra che i tedeschi abbiano cominciato a temere la Brigata Ebraica, composta dai disprezzati *Jude*.

Di fatto durante le prime ore del 19 marzo, i servizi d informazione osservano che i tedeschi stanno arretrando le loro posizioni. Immediatamente all'alba due pattuglie del 1° e 3° Batt., secondo le istruzioni, avanzano fino al canale di Fosso-Vetro, 800 metri a ovest delle posizioni tenute dalla Brigata. Intanto una pattuglia formata da membri della 3a Coy., del 2° Batt, sotto la guida del sergente Jehuda Harari, perviene alla posizione avanzata tenuta dalla batteria di artiglieria sotto il comando del tenente Zarodinsky. La pattuglia, oramai pronta ad attraversare il fiume, il Fosso Vetro, viene sorpresa dal fuoco di armi leggere e di mitragliatrice Spandau. La pattuglia è costretta ad una manovra diversiva, ma si imbatte in un campo di mine. Nel pomeriggio, la 2a Coy., del 2° Batt., sotto il comando del Capitano Carmi, avanza verso le posizioni nemiche senza però l'appoggio dell'artiglieria. Questi, in seguito all'esperienza della pattuglia di Harari, era considerato pericoloso, perché il fuoco di supporto dell'artiglieria, avrebbe potuto rivelare la posizione della pattuglia.

Scopo dell'avanzata della pattuglia della 2a Coy. era di raggiungere la località La Giorgetta. Nel corso della marcia, Carmi da lontano poté osservare il fuoco dei mortai nemici che colpivano la 3a Coy., intrappolata nel campo di mine. Era chiaro a Carmi, che i tedeschi non intendevano affatto ritirarsi dalle postazioni da loro tenute. A questo punto, a sua volta, anche la 2a Coy. si trovò sotto forte fuoco, subendo ingenti perdite. Immediatamente il comando del 2° Batt. ordinò di interrompere le operazioni. Le due pattuglie si ritirarono con ingenti perdite. Più fortunati furono i membri di una pattuglia inviata dal 3° Batt. per tastare la linea di difesa tedesca. La pattuglia, guidata dal tenente Antony Van Gelder, veterano dei Sherwood Foresters, riesce a conquistare tre posizioni tedesche che dominano La Giorgetta. Ben 30 tedeschi vengono eliminati ed 11 vengono catturati. I prigionieri, alla vista della Stella di Davide, presi dal panico, dichiararono di essere austriaci. Tuttavia in questa prima fase delle operazioni per la conquista della Giorgetta, la Brigata Ebraica perse 2 soldati, e conta ben 19 feriti. Il caduto, W. Russak, viene tumulato nel Cimitero Militare Britannico di Piangipane, nelle vicinanze di Ravenna. L'operazione viene completata solamente il giorno successivo, il 20 marzo, ma al costo di altri 3 morti e 6 feriti. I combattimenti continuano nella serata, quando il nemico continua a sparare colpi di mortaio e granate sulle nuove posizione conquistate dalla Brigata Ebraica. Durante la notte, il 3° Batt. respinge un forte attacco di pattuglie nemiche, ma un ufficiale e 2 sottufficiali rimangono feriti. I caduti sono M.J. Zilberg, T. Sulgaser, C. Brodt, Y. Butnik, che vengono tumulati nel Cimitero Militare Britannico di Piangipane. I tedeschi non danno tregua. Il giorno successivo, il 21 marzo, mentre il Rabbino Militare Israel Brodie, delle forze di sua Maestà Britannica è in visita al Quartier Generale della Brigata Ebraica a Mezzano, il fuoco di Spandau e mortai continua a colpire le posizioni avanzate tenute dalla Brigata. Il fuoco nemico provoca un caduto, T. Rabinowitz, che viene tumulato nel Cimitero Militare Britannico di Piangipane. Il 22 marzo, però una pattuglia cattura 3 nemici in fuga nelle vicinanze di Mezzano. L'attività della Brigata Ebraica in questo settore del fronte è terminata. Il cauto lavoro di pianificazione del Brigadiere Benjamin si conclude con pieno successo. Tutti e tre i battaglioni, l'artiglieria ed il genio hanno superato la prova del fuoco. Non solo, hanno anche imparato a collaborare l'uno con l'altro.

Pochi giorni dopo, il 25 marzo, la Brigata Ebraica passa sotto il commando del 10° Corpo d'Armata, e riceve l'ordine di rilevare la 43a Brigata Gurkhas. L'operazione dovrà essere effettuata tra il 25 ed il 28 marzo. Questa

La Brigata Ebraica: il 200° Reggimento da Campagna della Royal Artillery (RA) / The Jewish Brigade Group: 200th Field Regiment, Royal Artillery.

▲ 52 – Un regalo per Hitler, un artigliere del 200° Reggimento da Campagna, RA, Brigata Ebraica, Sant'Alberto, fronte del Senio, marzo 1945 (Cortesia dell'Imperial War Museum).

54 - "A present to Hitler", an artilleryman of the 200th Field Regiment, RA, Jewish Brigade Group, Sant' Alberto, Senio Front, March 1945 (Courtesy of the Imperial War Museum).

volta la Brigata Ebraica affianca il Gruppo di Combattimento Friuli schierato nei pressi di Riolo dei Bagni. Compito della Brigata Ebraica è quello di tenere il tratto del fronte, tenuto sulla destra, ad est, per l'appunto dal Friuli, e sulla sinistra, ad ovest, da reparti polacchi delle divisioni Carpatica e Cresowa. Il fronte passa per Villa San Giorgio in Vezzano a sud di Cuffiano. Questa volta il nemico che si trova di fronte alla Brigata Ebraica è un vera e propria unità d'élite. Questa consiste nell'11° e 12° regg. Sturm, appartenenti alla 4a Divisione Fallschirmjäger, comandata dal generale Trettner. Questi sono già in linea dal 25 febbraio. Al contrario della 362a Divisione di Fanteria e dalla 42a Divisione Jaeger, formate da riservisti, la 4a Divisione Fallschirmjäger è formata da volontari. Si trovano sul fronte italiano "in vacanza", per riprendersi dai combattimenti contro il *Frontovnik* sovietico. Scopriranno tra poco che i soldati che gli stanno di fronte, molti con la pelle olivastra, sia quelli della Brigata Ebraica, che quelli del Friuli, sono un osso duro da rodere, non meno dei Gurkhas con cui si sono già scontrati. Il 26 marzo, il Capitano Navarro, si presenta al lavoro in qualità di ACMO della Brigata Ebraica. Finalmente il 27 marzo, la Brigata Ebraica dà il cambio alla Brigata Gurkhas senza incidenti. I soldati del Friuli sono incuriositi dai nuovi vicini. Chi sono, si chiedono i soldati del Regio Esercito, questi soldati che parlano una lingua così strana, ma che ci assomigliano fisicamente. Un ufficiale di collegamento ebreo del Regio Esercito, svela l'arcano, è la Brigata Ebraica. Subito tra le due formazione si creano i presupposti per una fruttuosa collaborazione.

Non viene perso tempo. Il 28 marzo, una pattuglia del 1° Batt. inviata in perlustrazione alle prime ore della sera si scontra con il nemico, un sottufficiale rimane ucciso. Il giorno successivo, il 29 marzo, l'attacco di mortaio nemico causa la perdita di altri 2 morti e ben 15 feriti nel 1° Batt. Questi invia una pattuglia che a Plicotto si scontra con il nemico. I parà tedeschi perdono ben 6 uomini. La Brigata Ebraica lamenta un morto e due feriti.

I caduti, il soldato M. Wieshinsky, il caporale J. Gustin, il sergente I. Ryzy, ed il caporale C.H. Kurzrock vengono tumulati

◄ 53 – Il maggiore Edmond De Rotschild insieme al tenente Yehuda Ginzburg, 200° Reggimento da Campagna, RA, Brigata Ebraica, Italia 1945 (collezione dell'autore).

53 – Major Edmond De Rotschild together with Lieutenant Yehuda Ginzburg, 200th Field Regiment, RA, Jewish Brigade Group, Italy 1945 (Author's Collection).

► 54 - Un gruppo di ufficiali e sottufficiali, 200° Reggimento da Campagna, RA, Brigata Ebraica, Italia 1945 (Cortesia dell'Imperial War Museum).

53 - Group of Officers and non commissioned officers, 200th Field Regiment, RA, Jewish Brigade Group, Italy 1945 (Courtesy of the Imperial War Museum).

nel Cimitero Militare Britannico di Piangipane. Nei giorni successivi lo stillicidio continua. Il 30, una pattuglia del 1° Batt. incontra il nemico e gli infligge varie perdite. Le perdite della Brigata Ebraica consistono in un sottufficiale ucciso e due feriti. Il 31 ancora una volta una pattuglia del 1° Batt. si scontra con il nemico. I combattimenti continuano per tutta la serata fino dopo la mezzanotte del 1 aprile. Le perdite nemiche vengono evacuate da un ambulanza. Le perdite della Brigata Ebraica sono ingenti, 4 morti, 13 feriti ed un disperso. I caduti del 30 marzo, i soldati B. Lewin, N. Jacobi, e del 31 marzo, i sergenti M. Levi, e S. Leiser, ed i soldati V.C.H. Sznejer, A. Shechter vengono tumulati nel Cimitero Militare Britannico di Piangipane. Benjamin prende la decisione di strappare al nemico le posizioni di Fugnana e Plicotto. Questa volta le posizioni tedesche vengono conquistate. Finalmente la Brigata Ebraica, dopo meno di una settimana, è riuscita a tenere testa ai Parà tedeschi. Un soldato, S. Shereer, viene però ucciso. Verrà tumulato nel Cimitero Militare Britannico di Piangipane. Il resto della giornata, una volta conquistate le posizioni nemiche, trascorre tranquillo. Il 3 aprile un soldato tedesco si consegna nelle mani dei soldati della Brigata Ebraica. Il prigioniero catturato era un austriaco che aveva appreso dalla Radio la caduta di Wienerstadt, la sua città natale. Ora, non più temendo le rappresaglie naziste comminate ai parenti dei disertori, non trovò nulla di più sicuro che consegnarsi nelle mani degli *Jude* della Brigata Ebraica. Oramai i soldati tedeschi sanno benissimo che quei soldati davanti a loro fanno la guerra da gentiluomini e non torcono un capello ai prigionieri. Per il generale Benjamin non è stato sempre facile spiegare ai propri soldati, molti dei quali avevano famiglia in Polonia o in altri paesi occupati dai nazisti, che ben sapevano delle reali dimensioni raggiunte dall'Olocausto. Nell'aprile del 1945 oramai ben sei milioni di ebrei erano già stati sterminati. Per di più era chiaro a Benjamin che le autorità alleate avrebbero chiuso un occhio. Eppure la Brigata Ebraica dimostrò una disciplina interiore ed una forza morale incredibile. L'unica umiliazione a cui furono sottoposti i prigionieri tedeschi consistette nel dover dipingere stelle di Davide sugli autocarri della Brigata. A guerra finita, prigionieri tedeschi assegnati alla Brigata, si trovarono a pulire la Sinagoga di Torino dalle macerie. La sera dell'avanzata della Brigata Ebraica sulle posizioni nemiche di Fugnana e Plicotto, Moshe Shertok-Sharet, del dipartimento politico dell'Agenzia Ebraica, visitò la Brigata Ebraica, il cui Quartier Generale era ora localizzato a Brisighella. Per disturbare i vari discorsi d'occasione, altoparlanti nemici, localizzati La sera, intorno a Cuffiano, iniziarono a trasmettere musica ad alto volume. L'ironia era che la canzone preferita della maggior parte dei soldati della Brigata Ebraica era (naturalmente) Lilì Marlene. Questa veniva cantata non solo in inglese, ma anche in ebraico in yiddish, e naturalmente in perfetto tedesco. Il 4 aprile, un altro disertore del 2° plotone, della 2a brigata, del 12° regg. Sturm, 4a Divisione Para, si consegnò ai soldati della Brigata Ebraica. Intanto durante tutta la giornata del 6 aprile, le posizioni della Brigata furono sottoposte al fuoco intermittente di mortaio e Spandau. Il giorno successivo i soldati della Brigata Ebraica si apprestarono a festeggiare Pessach, la Pasqua Ebraica. Il cappellano militare della Brigata Ebraica, Reverendo Caspar, spiegò ai soldati, alcuni dei quali, provenienti da Kibbutz, erano completamente ignoranti della tradizione, come prepararsi a celebrare il Seder, la cena pasquale al fronte. Venne distribuito pane azzimo che i soldati consumarono per tutta la settimana. I festeggiamenti pasquali non trascorrono però in tranquillità.

In seguito ad uno scontro tra una pattuglia del 1° Batt. con il

The Royal Air Force

◄ 55b - RAF, Il primo tenente Dan Tolkovsky (collezione dell'autore).

55b – RAF, First Lieutenant Dan Tolkowsky (Author's Collection).

◄◄ 55c –RAF, Il sergente aviere Ezer Weizman (collezione dell'autore).

55c – RAF, Flight Sergeant Ezer Weizman (Author's Collection).

▼ 55a – RAF, Il sergente aviere, Aaron Remez (collezione dell'autore).

55a - RAF, Flight Sergeant Aaron Remez (Author's Collection).

nemico, il tenente Antony Van Gelder rimane ucciso. Il bilancio delle due giornate: 6 e 7 aprile, è pesante. Cinque caduti, i soldati M. Wadel, I. Sima, M. Schiopez, il caporale J. Kahn, il sergente M. Mehlman, e naturalmente il tenente Antony Van Gelder, che vengono tumulati nel Cimitero Militare Britannico di Piangipane. Il soldato V. Scheleifsteinn viene tumulato nel Cimitero Militare Britannico di Faenza (Ravenna). L'8 aprile viene catturato un para della 4a compagnia, 11° regg., 4a Divisione Fallschirmjäger. Il 9 aprile, vi sono combattimenti sporadici.

Il 10 aprile inizia l'offensiva generale degli alleati, una volta travolta la resistenza tedesca, che porterà alla liberazione del nord Italia e alla fine della guerra in Italia. All'interno delle operazioni offensive dell'8a Armata, compito della Brigata Ebraica era di sostenere in maniera autonoma sulla destra l'attacco del Gruppo di Combattimento Friuli, nei giorni dell'offensiva per forzare il Senio ed aprirsi la via verso Imola, operazione non a caso denominata "Passover". Secondo i piani dell'offensiva, l'87° ed 88° regg. del Gruppo di Combattimento Friuli devono guadare il fiume Senio ed occupare il caposaldo di Casa Guarè e l'abbazia ad est di Riolo, tagliare la strada per Castel Bolognese, e successivamente liberare Riolo ed avanzare verso Imola. Compito del 1° e 2° Batt. della Brigata Ebraica, il 3° Batt. è in riserva, sarà quello di guadare il Senio ad est di Cuffiano, occupare il Mulino Fantaguzzi, liberare Cuffiano, tagliare la statale che porta a Riolo dei Bagni, e procedere poi per Ossano e Monte Ghebbio; la compagnia 643a RE, agirà come supporto. Il suo compito sarà di aprire varchi tra i campi minati nemici. Alle 4 del mattino del 10 aprile 1945 inizia l'offensiva quando 11 semoventi britannici, RA aprono il fuoco contro le postazioni nemiche. Alle 4.25 si aggiunge un fuoco proveniente dalle postazioni di fanteria del 1° e 2° Batt., da mortai pesanti e da mitragliatrici Bren di grosso calibro. Prima dell'assalto, vengono lanciate delle granate fumogene per coprire i guadi attraverso i quali si lanceranno i reparti assalitori. Alle ore 4.30, il 2° Batt. ha oramai attraversato il Senio ed occupato l'obiettivo, il Mulino Fantaguzzi, con il prezioso aiuto dei genieri della 643a Coy. Tuttavia non tarda a seguire la reazione nemica. Un intenso fuoco nemico di Spandau e mortai inchioda le pattuglie della Brigata Ebraica tra le rovine del Mulino Fantaguzzi. Un solo reparto di rinforzo riesce ad avvicinarsi al Mulino Fantaguzzi, e sul far del giorno si trova a ridosso del mulino minacciato dal fuoco della Spandau. Un ufficiale della Brigata Ebraica lancia bombe a mano, mettendo a tacere una Spandau, una volta per sempre. In seguito si lancia seguito dai suoi uomini sulla postazione tedesca. *"Aharai"*, dietro di me! I paracadutisti si arrendono terrorizzati dagli *Jude*, urlando *"Kamarad - Kamarad"*. "Supermann" (la traduzione inglese del termine Ubermensch) , e cioe' il soldato tedesco, come lo aveva battezzato Yank, il giornale distribuito ai G.I. americani, ha perso contro " Jude", e cioe' I soldati della Brigata Ebraica. Verso le ore 12.00, il Mulino Fantaguzzi è oramai conquistato. Intanto i valorosi soldati del Gruppo di Combattimento Friuli sono stati respinti e non hanno potuto raggiungere gli obiettivi di Badia e a Cassa Guare'. Subito dopo la mezzanotte dell'11 aprile, inizia un fuoco intermittente di mortaio e Spandau sugli avamposti difensivi della Brigata Ebraica localizzati nel Mulino Fantaguzzi. I Para tedeschi a più riprese tentano di riconquistare il mulino. La notte per i difensori del Mulino Fantaguzzi è interminabile. Ma l'artiglieria e il fuoco preciso del 1° e 2° Batt. vanificano i tentativi. Finalmente, alle prime ore dell'alba il fuoco tedesco cessa. Viene allora creata una testa di ponte attraverso il Senio da parte del 2° Batt. Anche il 3° Batt. attraversa il Senio. Il 2° Batt. ha intanto iniziato l'ascesa del Monte Ghebbio contro l'opposizione della retroguardia nemica. Pattuglie della Brigata Ebraica, precedute da sminatori entrano a Cuffiano, accolti con gioia dai pochi abitanti rimasti. Il nemico si ritira verso sera con il favore delle tenebre. Vengono anche stabiliti contatti con reparti del Friuli che intanto sono entrati a Riolo.

The Royal Navy

◂ 56 –RN, gruppo di sottufficiali provenienti dalla Palestina (collezione dell'autore).

56 – RN, group of petty officers of the Royal Navy from Palestine (Author's Collection).

▸ 57 - RN, gruppo di ufficiali provenienti dalla Palestina (collezione dell'autore).

57- RN, group of officers from Palestine (Author's Collection).

▾ 58 - RN, volontario proveniente dalla Palestina (Cortesia del Government Press Office, Israel).

58 - RN, Jewish volunteer from Palestine (Courtesy of Government Press Office, Israel).

Una pattuglia della Brigata Ebraica si accompagna ai friulini che tra l'11 ed il 12 aprile liberano Riolo. I caduti dei primi due giorni dell'offensiva sono i soldati J. Golobov, E. Weksiere, ed il caporale J. Liberman che vengono tumulati nel Cimitero Militare Britannico di Piangipane. I piani dell'offensiva previsti per il 12 aprile dal quartier generale del 190° Corpo prevede per la Brigata Ebraica il compito di terminare la cattura del Monte Ghebbio, Querzola, e la zona di Mazzolano.

Inoltre la Brigata Ebraica deve mantenere il contatto con il nemico a nord del Senio. I due battaglioni avanzano per occupare Ca Zanelli e Torre. L'avanzata del 2° Batt. viene bloccata da fuoco di mortaio e Spandau a Pediano. Invece, il 3° Batt. ha raggiunto Serra. Spetta al 2° Batt., sotto gli ordini del Maggior Max Cohen, un nativo di Haifa, di compiere l'impresa, affrontando due Spandau tedesche in postazione favorevole in cima al Ghebbio. I plotoni si alzano da due fossi e dai ripari intorno a Cuffiano e avanzano di corsa verso gli obbiettivi ancora lontani. Le mitragliatrici ed i mortai tedeschi iniziano a sparare all'impazzata, i soldati si gettano al riparo o a terra. Appena le mitragliatrici cessano il fuoco, il reparto avanza nuovamente. E poi di nuovo viene riaperto il fuoco. Poi verso sera la bandiera con la Stella di Davide sventola in cima al Monte Ghebbio. Finalmente sia Ossano che il Monte Ghebbio sono nelle mani dei soldati di Max Cohen. L'ascesa del Monte Ghebbio è costata 3 morti, ed 8 feriti. I caduti sono i soldati I. Gorfain, D. Madel, e M. Stern, che vengono tumulati nel Cimitero Militare Britannico di Piangipane. Dopo poche ore di riposo, inizia la corsa verso Imola.

I genieri della 643a Coy., RE si uniscono ai friulini dell' 87° Reggimento. Tuttavia essi arrivano tardi, la città era stata liberata il giorno prima dai polacchi di Anders. Il giorno successivo, il 13 aprile, continua l'avanzata dei due battaglioni di fanteria della Brigata Ebraica. Una pattuglia del 2° Batt. avanza su La Torre, ma viene colpita da fuoco di mortaio. Il risultato sono 3 feriti. Nessun contatto con il nemico. Finalmente viene ristabilito il contatto con il nemico nella zona di La Torre. La Brigata Ebraica perde altri 2 morti e 7 feriti. I caduti sono il soldato Z. Tankelis, che viene tumulato nel Cimitero Militare Britannico di Piangipane, ed il soldato I.G. Gilinkas, che viene tumulato nel Cimitero Militare Britannico di Vecchiazzano (Forlì). Il 14 aprile, il 1° Batt. viene attaccato da colpi di mortaio dalla zona di Sirolo di fronte ad Imola. Il 2° Batt. si ritira e si concentra su due zone: 25824 e 243187. Il 15 anche il 1° Batt. si ritira e si concentra sulla zona 2520. Per la Brigata Ebraica i combattimenti sono finiti. Le varie unità ritornano a Brisighella. Le varie operazioni sono costate alla Brigata Ebraica più di 40 vittime tra morti e dispersi, centocinquanta feriti, ventuno decorati, e 78 menzionati in dispacci.

4. LA BRIGATA EBRAICA NEL SECONDO DOPOGUERRA E L'ASSISTENZA AI PROFUGHI

Due giorni dopo inizia l'interminabile consegna di medaglie a coloro che si sono distinti sul campo di battaglia. Il 17 aprile viene consegna una medaglia al soldato Moshe Zilberg, del 2° Batt., approvata dal Maresciallo Alexander. Il 21 aprile viene consegnata un altra medaglia al soldato Aharon Ben Kimche, del 1° Batt., anche questa approvata dal Maresciallo Alexander. Il 23 ed il 24 aprile decedono in seguito a ferite riportate durante gli scontri con il nemico, i soldati H. Hirschfeld e W.C. Herschkovitz, che vengono tumulati nel Cimitero Militare Britannico di Piangipane. Il 28 aprile, la 643a Coy, RE lascia il comando della Brigata Ebraica e viene impiegata dal Quartier Generale del 10° Corpo d'Armata Army Corps, per l'attraversamento del Po. Il 29 aprile il Brigadier Generale Benjamin viene invitato dal Tenente Generale Richard L. McCreary, KCB, DSO, MC, MBE, comandante dell'8a Armata. In una lettera, scritta al termine della campagna d'Italia, il generale americano Mark Clark, comandante del 15° Gruppo di armate, scriveva per congratularsi al Brigadier Generale Benjamin: *"mi rivolgo a voi con questa lettera come il Comandante in Capo delle forze palestinesi, e richiedo di ringraziare a mio nome, a tutti i livelli, per la splendida collaborazione che lei ha dato nell'offensiva che ha costretto i tedeschi alla resa incondizionata. Le operazioni da voi condotte intorno al lago di Comacchio ed a Sud della Statale 9 sono stati di grande importanza per poter arrivare alla resa incondizionata del nemico. È stato per me un privilegio di avervi avuto nel 15° Gruppo di armate. Buona fortuna a voi tutti"*. In maggio, la Brigata Ebraica viene trasferita sul Tarvisio, tra l'Alto-Adige e la Carnia. Lì avviene il primo incontro con i profughi D.P. o Displaced People, come ha narrato Primo Levi nel suo libro *Se non ora, quando*. La Brigata Ebraica, cosi come le varie compagnie del RASC e dei RE, divenne così un fattore importante nell'assistenza agli ebrei, sopravvissuti ai ghetti e ai campi di concentramento. Senza trascurare i loro obblighi militari, i soldati della Brigata Ebraica sistematicamente estesero ogni aiuto possibile ai rifugiati, offrendo loro vestiti, e guidandoli attraverso le varie frontiere, fino ai porti dell'Italia. Nel frattempo, la reputazione della Brigata Ebraica , come punto focale di raccolta per i profughi ebrei che tentano di andare in Palestina si estese a macchia d'olio. In un certo numero di casi, funzionari del governo militare americano nella zona Americana in Germania, nelle cui zone esistevano campi profughi, o DP camps, contattavano il comando della Brigata Ebraica, chiedendo loro di contribuire ad alleviare la condizione dei profughi ebrei nei campi. Quest'ultima attività che si conclude spesso e volentieri con l'incremento dell'immigrazione clandestina in Palestina, non è però apprezzata dal comando britannico. Nell'aprile 1946, in seguito, è stato evidenziato nella relazione scritta dalla Commissione d' Inchiesta Anglo-Americana sulla Palestina (UNSCOP) che la Brigata Ebraica venne trasferita proprio per la sua attività di assistenza ai rifugiati e profughi mentre era in Italia. Intanto, il 7 maggio, in seguito ad un incidente, veniva a mancare il soldato M. Levy, seguito il 9 dello stesso mese dal soldato S. Frydman. In giugno, altri incidenti

comportarono la perdita del soldato A. Gold, e di due altri soldati. Il 18 luglio decedeva il caporale Z. Altschul, RASC. Questi soldati vennero tumulati tutti nel Cimitero Militare Britannico di Piangipane. Invece il soldato H.H. Nevmark, mancato il 16 settembre, venne tumulato nel Cimitero Militare Britannico di Bologna, S. Lazzaro. Fatto sta che in luglio la Brigata Ebraica venne assegnata al Teatro d'Operazioni dell'Europa Nord Occidentale, e trasferita prima in Olanda, e poi in Belgio, a Tournai.
Ancora una volta la Brigata Ebraica assunse il doppio compito di forza di occupazione e centro assistenziale ai profughi. Le comunità ebraiche di Bruxelles ed Amsterdam, annientate dalla guerra, vennero aiutate.
Molto meno semplice furono i contatti tra i soldati della Brigata Ebraica e la comunità ebraica di Antwerpen, città in cui la Brigata Ebraica sfilò. Tuttavia la comunità ebraica dopo la guerra era dominata dal gruppo ultra ortodosso Agudath Israel, caratterizzato da un'attitudine estremamente ostile al sionismo. L'Agudath Israel sottrasse alle sollecite cure dei soldati della Brigata Ebraica, parte dei bimbi, da loro educati, che vennero sottoposti ad un educazione ultra ortodossa e allontanati a forza dall'ideale sionista, con la scusa che molti membri della Brigata Ebraica non erano sufficientemente religiosi. Cosa che naturalmente non era vera. Di fatto la presenza della Brigata Ebraica ad Anversa aveva aiutato a ristabilire le attività ebraiche della città, ma soprattutto, "la presenza della Brigata aveva risollevato il morale della popolazione ebraica" non solo in Belgio ma anche in tutte le altre città che questa aveva attraversato. Inoltre, alcuni membri della Brigata Ebraica vennero adibiti dalle autorità d'occupazione alla ricerca di superstiti in luoghi lontani come la Polonia e la Cecoslovacchia. In aggiunta ai membri della Brigata che hanno ottenuto congedo ufficiale, un certo numero di altri si reca senza autorizzazione in Ungheria, Cecoslovacchia, Romania e nella Russia carpatica alla ricerca di superstiti.
Quando questo fenomeno minacciò di assumere proporzioni epidemiche, il comandante della Brigata Ebraica, il Brigadiere Benjamin richiese ed ottenne l'autorizzazione da parte del comando del Gruppo di Armate Britanniche del Reno, di inviare squadre organizzate con lo scopo di ricercare parenti e membri della propria famiglia.
Il Brigadiere Benjamin, il comandante di brigata, sottolineò che si trattava di una questione morale per i 1.500 soldati ed ufficiali che avevano parenti e amici nei paesi e nei territori conquistati e occupati dai nazisti.
La Brigata Ebraica venne sciolta nel giugno del 1946. Per la maggior parte dei soldati e degli ufficiali della Brigata Ebraica iniziava una nuova epopea che si sarebbe conclusa due anni dopo con la creazione dello Stato di Israele e la successiva Guerra di Indipendenza.

IL COMMANDO 51 ED I PARACADUTISTI DELLO SOE

Nel 1940, per ordine di Winston Churchill vennero formati i Commandos. Scopo del corpo, formato esclusivamente da volontari, era quello di compiere penetrazioni, o raids, sul territorio nemico, in operazioni di carattere anfibio. All'inizio venne scelto come comandante del corpo, l'ammiraglio Roger Keyes, un veterano degli sbarchi a Gallipoli e del Raid di Zeebrugge, durante il primo conflitto mondiale. Nell'autunno del 1940 più di 2.000 soldati si erano portati volontari, e la Special Service Brigade, venne divisa in 12 unità, o Commandos. Ciascun Commando era composto da 450 soldati, comandati da un tenente colonnello. Questi a sua volta vennero divisi in *troops*, o squadre, ciascuna composta da 75 uomini, a loro volta divise in sezioni di 15 uomini. Il Commando 51 venne formato nell'ottobre del 1940 da volontari ebrei provenienti dalla Palestina. La maggior parte dei volontari, circa 300, provenivano dalla 1a Compagnia di Pionieri Ausiliari. Il comando dell'unità venne affidato al tenente colonnello Henry Cator, un ufficiale dei Royal Scot Greys, stanziati in Palestina. Il Commando venne inviato in Etiopia ed in Eritrea, dove combatté contro gli Italiani nella regione di Keren. Caratteristica dell'uniforme del Commando 51, ai suoi albori, era il berretto Tom ÒShanter scozzese. Presto però, il contrassegno dell'unità divenne il cappello in feltro a larghe tese, con sulla parte anteriore un distintivo metallico che raffigura il celebre coltello Fairbairn - Sykes usato dai Commandos.

Nel 1941, Churchill ordinò la creazione del Middle East Commando. Questa unità era formata dalle rimanenti unità di Commandos, stanziate nel Medio Oriente, che vennero divisi in sei squadre. Le No. 1 e 2 Troops vennero costituite nel L Detachment, di base a Geneifa, al comando di David Stirling, il creatore della SAS. Circa 60 uomini, provenienti dal Commando No. 11 (composto da volontari provenienti da reggimenti scozzesi) vennero inquadrati nella No. 3 Troop. Il Commando 51 venne sciolto ed inquadrato nelle Nos. 3 e 4 Troops. Una nuova sezione navale, la Special Boat Section, venne creata, e venne a sua volta inquadrata nella No. 6 Troop. Non è il caso di dire, trattandosi dell'esercito britannico, che le nuove designazioni vennero largamente ignorate dai soldati ed ufficiali, che continuarono ad utilizzare le vecchie designazioni.

Nel marzo del 1942, Herbert Cecil A. Buck, un ufficiale che aveva servito in India nelle Punjabi Guards, e che attualmente serviva nelle prestigiose Scots Guard, propose la costituzione all'interno del Long Range Desert Group (LRDG) di un unità interamente costituita da ebrei palestinesi di origine tedesca.

L'unità venne battezzata Special Interrogation Group (SIG). Scopo dell'unità era di aiutare le pattuglie del LRDS

Il servizio territoriale ausiliario femminile (ATS) / The Auxiliary Territorial Service

◄ 59 – Un plotone appartenente al servizio territoriale ausiliario femminile, ATS, Tel Aviv, Palestina 1942 (Cortesia del Government Press Office, Israel).

59 - A platoon of ATS on parade in Tel Aviv, Tel Aviv, Palestine 1942 (Courtesy of Government Press Office, Israel).

► 60 – Un plotone di ATS durante una parata di fronte ai loro mezzi di trasporto, Palestina 1942 (Cortesia del Government Press Office, Israel).

60 - A platoon of ATS on parade in front of their trucks, Palestine 1942 (Courtesy of Government Press Office, Israel).

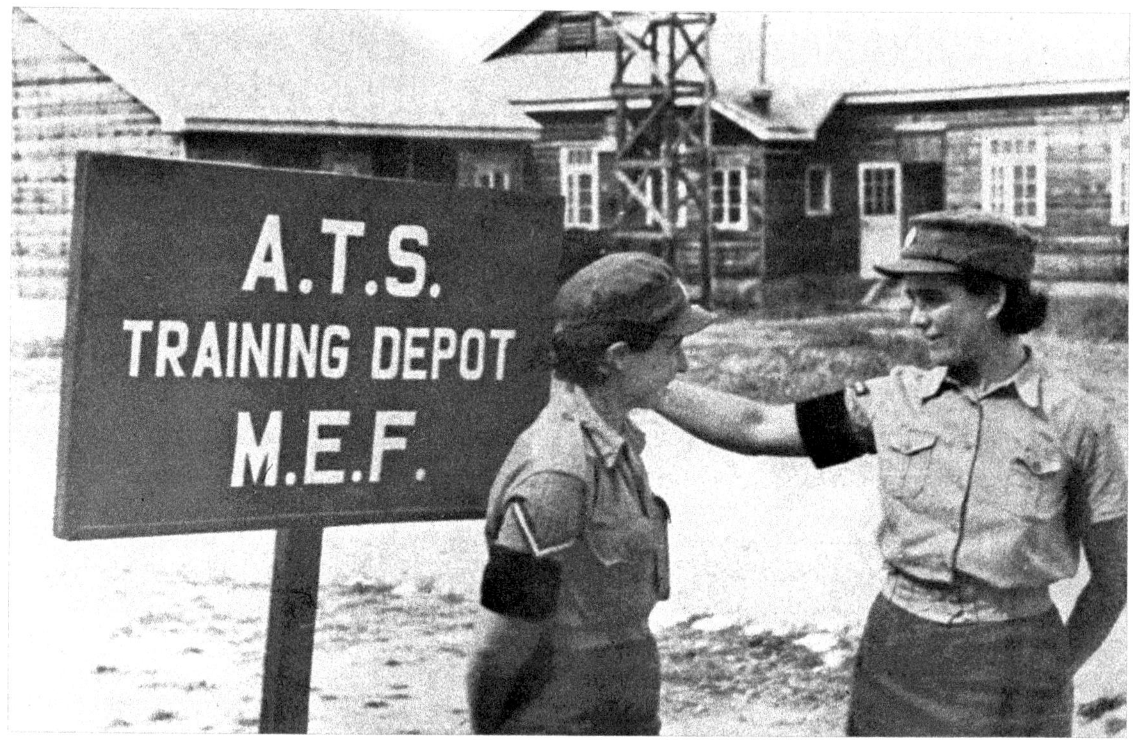

ad infiltrarsi oltre le linee nemiche durante la guerra del deserto. Tra i volontari vi erano Dov Cohen, già membro del Commando 51, che otterrà gloria imperitura al comando dell'Etzel, quando diresse la fuga dei prigionieri dalla prigione di Acri nel 1947. Altro celebre volontario era Karl Kahane. Questi, veterano della Prima Guerra Mondiale, dove si era guadagnato la Croce di Ferro, aveva in seguito servito come ufficiale della Reichswehr. Nel 1933, con l'ascesa di Hitler, si era trasferito in Austria. Nel 1938, in seguito all'Anschluss, era emigrato nella Palestina Mandataria. Con la creazione dello Stato di Israele, Karl Kahana fu tra i fondatori del prestigioso corpo dei paracadudisti o Zanchanim.

Altri volontari ebrei provenivano dalle Forze Armate Cecoslovacche, stanziate in Palestina. Vi erano anche due volontari non ebrei, disertori della Wehrmacht, che avevano precedentemente servito nella Legione Straniera. Il SIG divenne parte del D Squadron, First Special Service Regiment.

Il SIG contava, a seconda delle fonti, tra i 20 e 38 volontari. I volontari del SIG vennero trasferiti in una base d'addestramento non lontana da Suez, dove vennero addestrati alla navigazione nel deserto, al combattimento corpo a corpo, l'uso del coltello, non a caso il Fairbairn - Sykes che era uno dei simboli dei Commandos, e soprattutto ad imparare a conoscere e maneggiare esplosivi ed armi tedesche. Inoltre, sotto la guida dei due disertori tedeschi della Wehrmacht,Walter Essner and Herbert Brueckner, i volontari del SIG, impararono a conoscere nei minimi dettagli l'addestramento del soldato tedesco.

Per completare la loro missione, vennero loro fornite carte di identità tedesche assolutamente false, libretti paga, scorte di sigarette e cioccolata proveniente dalla Germania, e naturalmente impararono canzoni alla moda cantate dal nemico nazista. Per meglio completare la finzione, ad alcuni soldati vennero date lettere d'amore scritte da un immaginaria fidanzata in Germania, corredate da foto!

Il 3 giugno 1942, il SIG partiva per la sua prima missione. I volontari del SIG vennero accompagnati dal LRDG fino nelle vicinanze dell' obbiettivo. Al comando di David Sterling, il SIG doveva accompagnare delle Chevrolets del LRDG, il cui scopo era di distruggere un aeroporti della Luftwaffe, da cui partivano i caccia ed i bombardieri che intercettavano i convogli britannici in rotta per Malta. Gli aeroporti erano localizzati a circa 100 miglia ad ovest di Tobruk, a Derna e Martuba. Circa 20 velivoli vennero distrutti. Altre missioni aspettavano il SIG. Dietro le linee tedesche, non lontano da Bardia, il SIG iniziò vari atti di sabotaggio, travestiti da membri della polizia militare tedesca. Inoltre, sempre nelle vesti della polizia militare dell'Afrika Korps, riuscirono ad ottenere informazione di primo ordine, fermando ed interrogando le colonne di trasporti tedesche, che uscivano ed entravano a Tobruk. Tuttavia durante uno dei raids, Herbert Brueckner riuscì a scappare, ed avvisò il comando

◄ 61 – Due ausiliarie di stazza al deposito di addestramento delle ATS in Medio Oriente (Cortesia del Government Press Office, Israel).

61 – Two ATS, ATS Training Depot, M.E.F. (Courtesy of Government Press Office, Israel).

► 63 – Tre giovanissime ausiliarie , ATS, provenienti dalla Palestina (collezione dell'autore).

63 - Three young Jewish ATS from Palestine (Author's Collection).

▼ 62 – Un gruppo di ATS, Cairo 1943 (collezione dell'autore).

62 – A group of ATS, Cairo 1943 (Author's Collection).

tedesco dell'operazione. Essner, invece, a sua volta era caduto sotto i sospetti di Tiefenbrunner, uno dei volontari ebrei tedeschi. Scoperto, Essner venne consegnato alla polizia militare inglese. Reo confesso, venne fucilato.

Tra il 13 ed il 14 settembre 1942, a meno di un mese dalla battaglia di El Alamein, il SIG partecipò come parte del LRDS all'Operazione Agreement, il raid su Tobruk. L'operazione includeva raids su Bengasi (Operation Bigamy - Snowdrop), l'Oasi di Jalo, (Operation Nicety – Tulip), e Barce (Operation Caravan – Hyacinth). L'attacco all'aeroporto di Barce, si rivelò un successo, e ben 16 velivoli vennero distrutti. Tuttavia sia l'attacco a Bengasi che l'attacco all'Oasi di Jalo fallirono.

L'obbiettivo principale del raid era di distruggere i depositi di carburante dell'Afrika Korps, localizzati nel porto della piazzaforte. Questo parte dell'operazione era stata coordinata con la Royal Navy, che dopo aver bombardato la costa, avrebbe dovuto sbarcare i Royal Marines, in aiuto del LRDG. I volontari del SIG interpretavano il ruolo di guardie tedesche che scortavano prigionieri di guerra britannici in un campo a Tobruk. Tuttavia l'assalto si rivelò un fallimento, soprattutto perché il coordinamento tra la forza del LRDG e la Royal Navy non si realizzò.

Gli inglesi persero nell'operazione parecchie centinaia di soldati e di Royal Marines, tre navi, parecchie torpediniere, ed una dozzina di mezzi da sbarco. Quanto a Tiefenbrunner, passò in seguito nel SAS. Catturato dagli italiani durante un raid, venne rinchiuso in un campo di prigionia in Italia, da cui nel 1943 venne trasferito in Germania, dove fu liberato solamente nel 1945.

Il resto dei membri del SIG vennero trasferiti nei Commandos. Intanto nel 1943, i Commandos, ora posti sotto la guida dell'ammiraglio Louis Mountbatten, vennero riorganizzati in maniera massiccia. Il loro ruolo era quello di unità di fanteria armate alla leggera, che funzionavano come avanguardie in sbarchi anfibi. Tuttavia, nel teatro d'operazioni del Mediterraneo, il primitivo ruolo, raid di penetrazione nel territorio nemico, non venne abbandonato. Tuttavia adesso i Commandos agivano

spesso rinforzando i movimenti di resistenza locale, in Grecia, Iugoslavia ed Italia. Karl Kahana, ed altri membri del SIG, vennero trasferiti nel No. 2 Commando, attivo nei Balcani e nell'Adriatico. Karl Kahana prese parte ai combattimenti insieme a partigiani italiani, nella zona di Comacchio, nell'aprile del 1945, non lontano dai campi di battaglia della Brigata Ebraica. Wilensk-Goldstein, un altro membro del SIG venne catturato durante l'operazione. Evaso, entrò volontario nella SAS, e combatté contro i Giapponesi nell'Estremo Oriente.

Fin dall'inizio del conflitto, era noto all'intero Yishuv, che la sorte degli ebrei nei paesi occupati della Germania era tragica. Tuttavia, solamente nel 1943 fu chiaro ai dirigenti dell'Agenzia Ebraica che Hitler stava organizzando uno sterminio di proporzioni mai viste.

Era anche chiaro che l'Yishuv doveva portare ogni aiuto possibile ai propri fratelli nell'Europa occupata. L'Agenzia Ebraica si rese conto che l'unico modo di stabilire un contatto con gli ebrei nell'Europa occupata dai Nazisti era di paracadutare volontari nelle stesse aree interessate. Questi avrebbero potuto organizzare dei movimenti di resistenza per cercare di arrestare le deportazioni. Quindi l'Agenzia Ebraica fin dal 1943 entrò in contatto con lo Special Operation Executive (SOE), creato da Churchill nel 1940. Scopo dello SOE era di fornire aiuto ai gruppi di resistenza, come in Francia, o a bande di partigiani, come in Grecia e Iugoslavia. Lo SOE inviava volontari che venivano paracadutati in territorio occupato dal nemico, dove si univano ai gruppi di resistenza locali. Il loro scopo era disturbare le forze dell'Asse, distruggendo strade, ferrovie, e linee di telecomunicazione. Inoltre i paracadutisti dello SOE addestravano i gruppi di resistenza locale all'uso di armi ed esplosivi, che venivano paracadutati da aerei britannici e americani su campi segretamente approntati dai militanti della resistenza.

Nel Mediterraneo, il quartier generale dello SOE era situato al Cairo. Nel 1943, con la liberazione del Sud Italia, furono stabilite basi del SOE a Monopoli presso Bari, al castello Mola di Bari e a Torre a Mare. L'Agenzia Ebraica e lo SOE stabilirono che lo scopo primario della missione dei paracadutisti sarebbe stata quella di aiutare prigionieri di guerra alleati in fuga, soprattutto aviatori, ed aiutare i movimenti di resistenza locali. Dei 250 volontari originari, vennero scelti circa 110 persone, uomini e donne, che vennero sottoposti a corsi di addestramento intensivo. La maggior parte dei volontari erano immigranti provenienti dal Centro Europa, e che quindi parlavano la lingua del paese dove sarebbero stati paracadutati. Molti, circa dieci, servirono insieme alle varie missioni dello SOE accanto ai partigiani iugoslavi. Di fatto la Iugoslavia, si rivelò il punto di partenza per la maggior parte delle missioni in Europa. Tre dei paracadutisti si infiltrarono in Ungheria, cinque collaborarono con i partigiani slovacchi durante l'insurrezione nazionale nell'ottobre 1944, e altri sei operarono nell'Italia del Nord.

Ben nove paracadutisti operarono in Romania, ed altri due paracadutisti operarono in Bulgaria.

Vi furono paracadutisti anche in Francia ed in Italia. Dei trentasette paracadutisti inviati in missione in Europa, i tedeschi ne catturarono dodici, e ben sette vennero assassinati. Dei paracadutisti assassinati, tre erano paracadutisti catturati in Slovacchia, due in Ungheria, ed uno in Italia del Nord. Il paracadutista inviato in missione in Francia venne catturato ed assassinato solo dopo aver fatto ben sette missioni.
Non c'è dubbio che il paracadutista più famoso fu l'italiano Enzo Sereni (1905 – 1944). Nato a Roma da una famiglia benestante, il padre era medico della famiglia reale. Dopo aver prestato servizio militare nel Regio Esercito, oppositore al fascismo, Enzo emigrò in Palestina negli anni '20. Membro di un Kibbutz, Givat Brenner, con il tempo, Enzo Sereni divenne un importante dirigente dell'Agenzia Ebraica. All'inizio della guerra entrò volontario nell'esercito britannico. Il 15 maggio 1944, Enzo Sereni venne paracadutato nel Nord Italia, insieme ad un membro della Resistenza italiana, forse un doppio agente. Enzo venne immediatamente catturato dai tedeschi, e deportato nel campo di concentramento di Dachau dove venne assassinato il 18 novembre 1944. Altro paracadutista italiano fu Dan Segre.
L'eroina più famosa fu invece la giovane e bellissima Hannah Szenes (1921-1944). Hannah nacque a Budapest in Ungheria. Il padre era uno scrittore in voga, Hannah studiò in una scuola protestante, ed emigrò in Palestina alla fine degli anni '30. Hannah studiò prima alla Scuola Agricola di Nahalal, e poi si unì ai fondatori del Kibbutz Sdoth Yam. Entrata come volontaria per il servizio ausiliario femminile dell'aeronautica (WAAF) nel 1943. Subito dopo entrò a far parte del SOE. Nel 1944 venne paracadutata in Iugoslavia insieme a Yoel Palgi e Peretz Goldstein, dove si unì ad un gruppo di partigiani di Tito. Dalla Iugoslavia, Hannah tentò di entrare in Ungheria, ma venne catturata sul confine da membri della Gendarmeria Ungherese. Trasferita alla prigione centrale di Budapest, venne processata per alto tradimento e fucilata.
Anche Peretz Goldstein (1923 – 1945) riuscì a raggiungere Budapest, ma lì in circostanze non chiarite venne catturato dalla Gestapo. Peretz venne assassinato nel campo di concentramento di Oranienburg all'inizio del 1945. Yoel Palgi invece sopravvisse alla guerra per divenire poi uno dei fondatori del corpo dei paracadutisti dell'esercito israeliano.

◂ 64 – Ritratto di un ausiliaria, ATS, in uniforme da fatica (collezione dell'autore).
64 – Portrait of an ATS soldier in fatigues (Author's Collection).

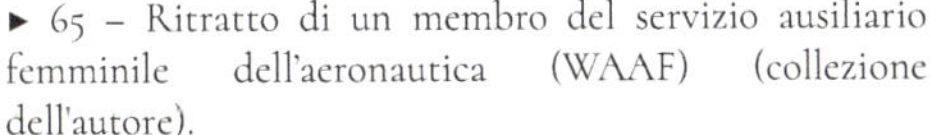

▸ 65 – Ritratto di un membro del servizio ausiliario femminile dell'aeronautica (WAAF) (collezione dell'autore).
65 – Portrait of a WAAF (Author's Collection).

◂◂ 66 - Ritratto di un membro del servizio ausiliario femminile dell'aeronautica (WAAF) (collezione dell'autore).
66 – Portrait of a WAAF (Author's Collection).

Un altra eroina fu Haviva Reich (1914-1944). Nata in Slovacchia, Haviva Reich alla fine degli anni trenta immigrò in Palestina. Come Hannah Szenes, anche Haviva si portò volontaria per il servizio ausiliario femminile dell'aeronautica (WAAF) e subito dopo venne cooptata nello SOE. Haviva venne paracadutata in Slovacchia nel settembre del 1944, e lì si unì ad un gruppo di partigiani locali. Catturata dai Tedeschi venne immediatamente fucilata insieme ad altri partigiani ebrei nel novembre del 1944.
Non differente fu il destino di Rafael Reisz (1914-1944). Volontario nel SOE, nel marzo 1944 fu paracadutato in Iugoslavia, dove si unì ad un gruppo di partigiani di Tito. Dalla Iugoslavia, passò in Slovacchia dove divenne parte di un gruppo di partigiani slovacchi. Catturato dai tedeschi, venne inviato al campo di concentramento di Mauthasen, e lì assassinato.
Sfortunato fu anche il destino di Aba Berditchev (1920-1945). Volontario nel SOE, nel marzo 1944 venne paracadutato in Iugoslavia, dove si unì ad un gruppo di partigiani. Di lì venne inviato in missione in Romania. Di ritorno a Bari, venne paracadutato in Slovacchia, dove venne però catturato dai tedeschi. Aba fu deportato nel campo di concentramento di Mauthasen, dove venne assassinato.

CONCLUSIONE

Il contributo dei veterani dell'esercito inglese alla creazione di Zahal, l'Esercito di Difesa di Israele, o IDF, è fondamentale. Nel 1947-48, durante la Guerra di Indipendenza di Israele, vari veterani dell'esercito inglese tra cui Mordechai Makleff, Shlomo Shamir, Meir Zorea, e Haim Laskov, che avevano servito nella Brigata Ebraica, organizzano e portano alla vittoria il neonato IDF. Tuttavia l'esercito inglese non era l'unica scuola di guerra. Vari membri dell'IDF provenivano dall'Haganah, dal Palmach, i gruppi di combattimento dell'Haganah, organizzati durante la seconda guerra mondiale in collaborazione con gli inglesi, e dalle organizzazioni dissidenti dell'Etzel e del Lehi. Inoltre molti soldati ed ufficiali, tra cui Moshe Dayan ed Ariel Sharon, pur non avendo servito nell'esercito inglese, avevano però servito nella Jewish Settlement Police, modellata sulla Home Guard inglese, e che aveva ricevuto un addestramento militare. Secondo Yigal Allon, comandante del Palmach durante la Guerra di Indipendenza, il vero valore del contributo successivo della Jewish Brigade Group alla Guerra di Indipendenza non derivava dall''esperienza acquisita nei combattimenti sul fronte italiano, per quanto le lezioni apprese nella azione di pattugliamento non siano da sottovalutare, bensì dall'addestramento ricevuto, dall' impiego tattico della compagnia e del battaglione, dall'uso di armi tradizionali e speciali, dalla cooperazione con i mezzi corazzati e con l'aviazione, e naturalmente dall'organizzazione generale.
Tuttavia David Ben Gurion, il primo ministro è conscio del valore e dell'utilità dei veterani dell'esercito inglese. Se il primo Capo di Stato Maggiore, Yàakov Dori, è un veterano della Legione Ebraica della Prima Guerra Mondiale, ed il secondo, Yigal Yadin (1949-1952), proviene dalle file dell'Haganah, i quattro successivi capi di stato maggiore, Mordechai Maklef (1952-1953), Moshe Dayan (1953-1958), naturalmente Haim Laskov (1958-1961), e Tzvi Tzur (1961-1964) provengono dall'esercito inglese. Moshe Dayan ha combattuto nel 1941 come sergente della JSP contro i francesi di Vichy.
Gli altri tre erano stati ufficiali della Brigata Ebraica. L'organizzazione della fanteria, dell' artiglieria, del genio, del servizio trasporti, e del servizio medico del neonato Stato di Israele mostravano forti influenze delle forze armate britanniche.
Non è da meno l'aviazione israeliana, Israel Air Force. Aaron Remez divenne il secondo comandante in capo dell'aviazione israeliana, nel luglio del 1948, rimanendo in carica fino al dicembre 1950.
Dan Tolkovsky fu nominato comandante in capo dell'aviazione israeliana dal 1953 al 1958. Gli successe Ezer Weizman dal 1958 al 1966.
Il corpo ausiliario femminile Chen, venne modellato sul ATS. Ancora una volta i comandanti del Chen provengono dalle file dell'esercito britannico. Due esempi sono Mina Ben Zvi, che creò il Chen tra il 1947ed il 1949 e Stella Levi, che comandò il Chen tra il 1964 ed il 1970.

La Brigata Ebraica: il dopoguerra / The Jewish Brigade Group: After the War.

◄ 67 – Soldati del RASC, Brigata Ebraica posano di fronte ad un autocarro, dono degli ebrei della Grecia, appena liberati (Cortesia dell'Imperial War Museum).

67 – Soldiers of the RASC, Jewish Brigade Group with a truck donated by the newly freed Jews of Greece (Courtesy of the Imperial War Museum).

► 68 – Soldati della Brigata Ebraica fotografati durante una pattuglia, passo del Tarvisio, estate 1945 (Cortesia dell'Imperial War Museum).

68 – Infantrymen of the Jewish Brigade Group patrolling in the summer of 1945, Tarvisio Pass, summer 1945 (Courtesy of the Imperial War Museum).

In molti casi l'IDF addottò nei primi anni, armi ed equipaggiamento britannico tipico. Spiccano l'elmo a catinella, i cannoni usati dall'artiglieria, e naturalmente gli Spitfire ed i Mosquito dell'aviazione israeliana.

L'uniforme invernale usata fino a tutti gli anni sessanta è naturalmente la copia israeliana del battledress inglese in saglia. L'uniforme estiva adottata dopo la Guerra di Indipendenza, usata anche come uniforme da combattimento, è l' ultima versione del KD inglese. Tuttavia, al contrario dei paesi arabi, si fa attenzione a non scimmiottare l'ethos militare britannico, ma di adattarlo alle esigenze dell'IDF. In Israele non si formarono club militari di ufficiali, né Zahal possiede una banda con cornamuse, né gli ufficiali hanno un batman al loro servizio. L'ufficiale israeliano era ed è innanzitutto un leader ed un organizzatore, non un gentleman. In conclusione, nonostante che l'IDF sia un esercito di popolo, basato sul principio della coscrizione universale, tuttavia il contributo dell'esercito britannico alla sua creazione, sviluppo ed evoluzione risulta molto evidente.

LE TAVOLE - THE PLATES

Tav. A – Il Palestine Regiment, 1-3.
1 – Royal Artillery, ufficiale, Egitto1942. Quest'ufficiale è di servizio evidentemente nel Deserto Occidentale. La sua uniforme tropicale, K.D., consiste in una camicia e pantaloncini corti, ed in testa un cappello con visiera. L'equipaggiamento in tela modello 1937 per ufficiali include una cintura ed un fodero per la pistola.
2 – Palestine Regiment, soldato semplice, Egitto 1942. Questa recluta, non cosi' giovane, del Palestine Regiment è vestito con l'uniforme tropicale, K.D.; il suo equipaggiamento consiste in un elmetto, la maschera antigas portata davanti, l'equipaggiamento in tela modello 1937 per soldati e sottufficiali, ed è armato con un fucile SMLE, Lee Enfield Mk III. L'equipaggiamento 1908 visibile su alcune foto, è stato sostituito con il moderno modello 1937, non appena l'unità è arrivata in prossimità del fronte.
3 – Royal Army Service Corps, soldato semplice, Italia 1943-1944. Verso la fine del 1943 vi erano alcune compagnie del RASC in servizio in Italia. Il nostro soldato, ripreso forse non lontano da Salerno, porta l'ultima versione del K.D., o uniforme tropicale, utilizzata verso la fine del conflitto. Mentre la camicia era distribuita dall'intendenza, i pantaloni lunghi sono stati acquistati privatamente, probabilmente in Egitto. Il soldato è equipaggiato con l'elmetto, l'equipaggiamento in tela modello 1937 per soldati e sottufficiali, ed è armato con un fucile SMLE, Lee Enfield Mk III.
4 – Fucile di fanteria SMLE, Lee Enfield Mk III.

Plate A – The Palestine Regiment, 1-3.
1 – Royal Artillery, Officer, Egypt 1942. The officer evidently serves in the Western desert. He is dressed in K.D. (Khaki Drill), shirts and shorts, he is sporting a peaked cap with the RA metal badge. His 1937 Web Equipment for officer includes the belt and a holster, as he is probably armed with a Webley.
2 – Palestine Regiment, Private, Egypt 1942. This recruit, not so young in the Palestine Regiment is clearly ready for training. Dressed in K.D., shirts and shorts, he sports a helmet, the 1937 Web Equipment for rank and file, and he is armed with a SMLE, Lee Enfield Mk III. His 1937 Web Equipment, instead of the more obsolete 1908 Pattern, just indicates that he is stationed near the front line in Egypt.
3 – Royal Army Service Corps, Private, Italy 1943-1944. By the end of 1943 there were already a few companies of Palestinian RASC serving in Italy. Our soldier, possibly located not far from Salerno, is dressed in a later version of the K.D. While his short was part of the equipment distributed by the army, his long trousers were probably purchased privately in Egypt. he sports a helmet, the 1937 Web Equipment for rank and file, and he is armed with a SMLE, Lee Enfield Mk III.
4 – SMLE, Lee Enfield Mk III infantry rifle.

Tav. B – Royal Air Force, 1-4.
1 - Royal Air Force, tenente pilota, Battaglia di Inghilterra 1940. Sia Michael Weitzmann, il figlio minore del leader sionista Haim Weitzmann che George Ernest Gordon, figlio di diplomatici servirono nella RAF durante la Battaglia di Inghilterra. L'ufficiale porta la tenuta di servizio ordinaria invernale azzurra della RAF con un cappello a visiera. Sulla manica della giacca porta il distintivo in stoffa la scritta "Palestine" in blu chiaro e bianco.
2 – *Royal Air Force, ufficiale,* Palestina 1942. Verso la fine del 1941 fu possibile presentarsi volontari anche nella RAF. Non meno di dieci volontari divennero piloti. L'ufficiale porta la tenuta di servizio ordinaria invernale azzurra della RAF con la bustina o Field Service Cap. Sulla manica della giacca porta il distintivo in stoffa la scritta "Palestine" in blu chiaro e bianco.

◄ 69 – Soldati della 178a compagnia, RASC, Brigata Ebraica entrano in Germania, seguendo la strada che dal Passo del Tarvisio li porterà in Belgio, estate 1945 (Cortesia dell'Imperial War Museum).
69 – Soldiers of the 178th Company, RASC, Jewish Brigade Group, already in Germany, en route from Tarvisio pass to Belgium, summer 1945 (Courtesy of the Imperial War Museum).

Il Commando 51/The Commando 51

◄◄ 70 – Tre membri del Commando 51 (Cortesia dell'Imperial War Museum).
70 – Three members of the Commando 51 (Courtesy of the Imperial War Museum).

I paracadutisti / The Parachutists (foto 71 e 72)

► 71a – Enzo Sereni (1905 – 1944 (collezione dell'autore).
71a – Enzo Sereni (1905-1944 (Author's Collection).

3– *Royal Air Force, sergente, Palestina 1942.* La maggior parte dei volontari nella RAF servì come meccanico in equipaggi aggregati ai vari aeroporti. Questo sergente porta la tenuta di servizio ordinaria invernale azzurra della RAF distribuita a soldati e sottufficiali con la bustina o Field Service Cap. Sulla manica della giacca porta il distintivo in stoffa la scritta "Palestine" in blu chiaro e bianco.
4 - *Royal Air Force, ufficiale pilota, Europa occidentale 1944.* Aharon Remez, un sergente di volo e Dan Tolkowsky, un ufficiale servirono nella RAF in Europa, il primo nel sud Europa in Italia, Grecia e Francia, ed il secondo in Europa nord occidentale, in Francia e Germania. Quest'ufficiale è vestito con il battledress invernale in saglia azzurro della RAF.

Plate B – Royal Air Force, 1-4.
1 - Royal Air Force, Flight Lieutenant, Britain 1940. Both Michael Weitzmann, the younger son of the Zionist leader Haim Weitzmann and George Ernest Gordon served in the RAF during the Battle of Britain. Thus, our pilot is a veteran of the Battle of Britain. He is dressed in the Winter Service Dress with a peaked cap. On his shoulder he sports the flash "Palestine in light blue and white.
2 – Royal Air Force, Officer, Palestine 1942. By the end of 1941 the RAF opened his ranks to volunteers from Palestine. No less than nine volunteers became pilots. This officer is dressed in the Winter Service Dress with a Field Service Cap. On his shoulder he sports the flash "Palestine in light blue and white.
3– Royal Air Force, Flying Sergeant, Palestine 1942. Most of the volunteers in the RAF served in land crews as mechanics. This aircraftsman is dressed in the Winter Service Dress, the version distributed to the rank and file, with a side cap. On his shoulder he sports the flash "Palestine in light blue and white.
4 - Royal Air Force, Pilot Officer, Western Europe 1944. Aharon Remez as a Flying Sergeant and Dan Tolkowsky, as officer, were two pilots who served in Europe. The first in Southern Europe, while the second in North West Europe. This flying officer sports a RAF battledress and a peaked cap. On his breast the pilot wings.

Tav. C – Brigata Ebraica di Combattimento, 1-3.
1/2 - *Brigata Ebraica di Combattimento, soldati semplici, Italia, marzo 1945.* Questi due soldati della Brigata Ebraica di Combattimento sono reduci da un pattugliamento sul fronte del Senio. L'uniforme e l'equipaggiamento è quello che caratterizza il Tommy britannico negli ultimo due anni di Guerra. L'uniforme consiste nel battledress modello 1937, con sulla manica della giacca sia il distintivo che lo scudetto in stoffa della Brigata Ebraica di Combattimento. Entrambi hanno l'elmetto, l'equipaggiamento in tela modello 1937 per soldati e sottufficiali, e sono probabilmente armati con un fucile SMLE, Lee Enfield Mk III.
3 - *Brigata Ebraica di Combattimento, ufficiale, Italia, marzo1945.* Non è facile distinguere il nostro ufficiale dai due soldati. Come loro, porta il battledress modello 1937,l'elmetto, e l'equipaggiamento in tela modello 1937 per ufficiali. Probabilmente ha in dotazione il fucile mitragliatore Thompson. Sulla manica della giacca si può notare sia il distintivo che lo scudetto in stoffa della Brigata Ebraica di Combattimento.
4 – *Fucile mitragliatore Thompson, calibro 45.*

Plate C – Jewish Brigade Group, 1-3.
1/2 - *Jewish Brigade Group, Privates, Italy March 1945.* These privates of the Jewish Brigade Group are located on the Senio Front. Both are dressed in the equipment which characterized the Tommy in the last two years of the war. They are dressed in the 1937 Pattern Battledress, with on the shoulder both the flash and insignia of the Jewish Brigade Group. Both sport a helmet, the 1937 Web Equipment for rank and file, and they are probably armed with a SMLE, Lee Enfield Mk III.
3 - *Jewish Brigade Group, Officer, Italy March 1945.* It is quite difficult to distinguish this soldier from the two privates. As them, he is dressed in the 1937 Pattern Battledress, helmet, 1937 Web Equipment, albeit for officer. As most of the officers, he is probably armed with the American Thompson sub-machine gun. On the shoulder of his battle dress jacket, he sports the flash and insignia of the Jewish Brigade Group.
4 – *Thompson Submachine Gun, caliber 45.*

Tav. D – Brigata Ebraica di Combattimento, 1-3.
1 - *Brigata Ebraica di Combattimento, sergente, Italia, marzo1945.* Questo sergente porta una versione semplificata del battledress prodotta in Italia. Oltre all'elmetto, porta l'equipaggiamento in tela modello 1937 per soldati e sottufficiali, ed è armato con un mitagliatore Sten. Spesso, mentre gli ufficiali ricevevano in dotazione il Thompson, i sergenti invece si dovevano accontentare dello Sten. Questo sergente porta sulla manica della giacca sia il distintivo che lo scudetto in stoffa della Brigata Ebraica di Combattimento.
2 - *Brigata Ebraica di Combattimento, soldato semplice, Italia, marzo1945.* Non c'è dubbio che questo soldato, distintivi a parte è la quintessenza del Tommy britannico. Il suo equipaggiamento consiste nel modello 1937 in tela per soldati e sottufficiali, ed è armato con il fucile di fanteria SMLE, Lee Enfield Mk III. Sulla manica della giacca porta sia il distintivo che lo scudetto in stoffa della Brigata Ebraica di Combattimento.
3 – *Mitragliatrice leggera Bren.*

Plate D – Jewish Brigade Group, 1-3.

1 - Jewish Brigade Group, Sergeant, Italy March 1945. This sergeant is dressed in a locally made version of the battledress made in Italy, characterized by the lack of flaps on the breast pockets. He is equipped with a helmet, 1937 Web Equipment for rank and file, and he is armed with a Sten submachine gun. Both officers and noncommissioned officers were armed with submachineguns, while soldiers were equipped with rifles. More often than not, Sten guns were distributed to noncoms, while officers received the better Thompson. On the shoulder of his battle dress jacket, he sports the flash and insignia of the Jewish Brigade Group.

2 - Jewish Brigade Group, Private, Italy March 1945. The quintessence of the Tommy, this soldier wear the 1937 Pattern Battledress, a helmet, the 1937 Web Equipment for rank and file, and he is armed with the SMLE, Lee Enfield Mk III. On the shoulder of his battle dress jacket, he sports the flash and insignia of the Jewish Brigade Group.

3 – Bren Light Machine Gun.

Tav. E – I paracadutisti dello SOE, 1-5.

1 and 2 – Paracadutisti dello Special Operation Executive, Yugoslavia occupata dalle forze dell'Asse, inverno 1944. Questi due figurini riproducono, abbastanza fedelmente l'aspetto che avevano i paracadutisti dello SOE. Come il resto dei membri dello SOE in simili missioni, anche i volontari provenienti dalla Palestina avevano in dotazione oltre all'onnipresente battledress, la giacca mimetica Denison Smock, usata come tenuta di lancio, un cappello di lana lavorato a maglia per ripararsi dal freddo, identico a quello portato dai Commandos, equipaggiamento modello 1937 in tela semplificato e naturalmente lo Sten. Il primo paracadutista è una donna. Una caratteristica del volontariato all'interno dell'Yishuv, è la massiccia partecipazione di donne tra cui Hannah Szenes e Haviva Reich.

3 – Coltello appartenente al Middle East Commando. Questo bellissimo esemplare di coltello da trincea venne adottato dai Commandos che operavano nel Medio Oriente, i Commando 50, 51 e 52 ed i Chindits in Birmania. L'ovvio vantaggio del coltello da trincea, è che permettevano un ottima presa anche quando il soggetto aveva le mani sudate.

4 – Selezione di tre coltelli da combattimento Fairbairn – Sykes. I coltelli da combattimento Fairbairn - Sykes a doppia lama vennero sviluppati da William Ewart Fairbairn e Eric Anthony Sykes a Shanghai, durante il loro servizio come membri della Shanghai Municipal Police in China. Lo scopo principale dei coltelli è di tagliare le arterie della gola in profondità.

5 – Mitra Sten Mk II.

Plate E – The SOE Parachutists, 1-5.

1 and 2 – Special Operation Executive Parachutists, Axis Occupied Yugoslavia, Winter 1944. These two figures depict, fairly well, the Jewish volunteers from Palestine in the ranks of the SOE. Both are dressed in an army battledress and a Denison Smock jump-jacket. Both sports on their head a comfortable woolen knit cap, identical to the one distributed to the Commandos. And both are armed with the Sten submachine gun, and are equipped with a lighter version of the 1937 Web Equipment. The first parachutist is a woman. Characteristic of the Yishuv volunteers was the participation of women, as Hannah Szenes and Haviva Reich.

3 – Middle East Commando Knife. This beautiful example of knuckle knife was adopted by the Middle East Commando and it was used by 50, 51 and 52 Commandos and the Chindits in Birmania. The obvious advantage of knuckle knives is that sweat does not impair his hold on the weapon.

4 – A Selection of three Fairbairn – Sykes Fighting Knifes. The Fairbairn - Sykes knives double-edged fighting knives were developed by William Ewart Fairbairn and Eric Anthony Sykes in Shanghai using concepts to which the two men initiated before World War II while serving on the Shanghai Municipal Police in China. The main purpose of these knives were to severe immediately the arteries of the throat.

5 – Sten Mk II Submachine gun.

Tav. F – Selezione di volontari ebrei nel British Army, 1941-1945.

1 – Women Auxiliary Air Force, ufficiale, Cairo 1943. Questo ufficiale del servizio ausiliario femminile dell'aviazione è vestito con la versione femminile della di tenuta di servizio ordinaria invernale azzurra della RAF. Probabilmente, come Hannah Szenes è anche un agente special dello SOE. Di fatto il distintivo in stoffa sul petto indica che questa bella ausiliaria ha superato con successo un corso di paracadutismo.

2/3 – Brigata Ebraica di Combattimento, soldati, Italia, marzo 1945. Questi due soldati della Brigata Ebraica di Combattimento hanno una buona ragione di levare il *mug* e celebrare la loro permanenza sul fronte del Senio. Dalla fine del 1943 il basco, o *beret*, sostituì la bustina o Field Service Cap, in uso dal 1937.

4 – Brigata Ebraica di Combattimento, sergente, Italia, marzo 1945. Questo sergente indossa un elegante versione del battledress in saglia, fatta eseguire su misura da un sarto. Il colletto della giacca è aperto e mostra camicia e cravatta. Questa giacca è simile all'elegante modello di battledress adottato dall'esercito inglese nel 1949. È interessante che sia il sergente che i soldati e l'ufficiale abbiano adottato il distintivo in metallo dei cappellani militari provenienti dalla Palestina mandataria, con la Stella di Davide al posto del distintivo, mandatorio, del Palestine Regiment.

5 - Brigata Ebraica di Combattimento, ufficiale, Italia, marzo 1945. Contrariamente al sergente, questo ufficiale, evidentemente al fronte, non ha tempo per eleganza. Tuttavia, da gentiluomo preferisce utilizzare il cappello a visiera al posto dell'elmetto per distinguersi dai sottoposti. Tuttavia, siccome ha adottato l'equipaggiamento in tela modello 1937 per sottufficiali e soldati, probabilmente è armato con un Thompson.

◄ 71b – Hannah Szenes (1921-1944) (collezione dell'autore).
71b – Hannah Szenes (1921-1944) (Author's Collection).

► 71c – Rafael Reisz (1914-1944) (collezione dell'autore).
71c – Rafael Reisz (1914-1944) (Author's Collection).

Plate F – A Selection of Jewish Volunteers in the British Army, 1941-1945.
1 – Women Auxiliary Air Force Officer, Cairo 1943. This officer of the Women Auxiliary Air Force is dressed in the female version of the RAF Winter Service Dress. She is probably an agent of the SOE. The wings on the left breast pocket indicate that she passed a parachute training course. Indeed some of the volunteers in the SOE trained in RAF facilities.
2/3 – Jewish Brigade Group, Privates, Italy 1945. These two privates of the Jewish Brigade Group are celebrating far away from the front. They have good reason as the proud battle record of the Jewish Brigade Group indicates. By late 1943 the beret took the place of the earlier side - cap in use in the British Army from 1937.
4 – Jewish Brigade Group, Sergeant, Italy 1945. This sergeant sports a battledress jacket which is privately tailored and is wear opened to show the shirt and the tie. Besides, the jacket's breast pockets are characterized by flaps and exposed buttons. Indeed this jacket is indeed similar to the 1949 Battledress Pattern. The sergeant as well as the soldiers sports on their beret the metal badge of the Royal Army Chaplain Department as used in Palestine instead of the mandatory Palestine Regiment metal badge.
5 - Jewish Brigade Group, Officer, Italy 1945. Contrary to the sergeant, this officer, evidently at the front, has no time for niceties. Yet, as a gentleman, although ready for battle, he prefers to wear a peaked cap than the helmet mandatory in battle. However he is equipped with rank and file 1937 Web Equipment, as he is probably armed with a Thompson.

Tav. G – Il Service Dress, 1939-1945.
1 – *Royal Artillery, ufficiale, Palestina 1942.* Mentre durante la Grande Guerra l'ufficiale britannico indossava la tenuta di servizio invernale, compresa la cravatta, nelle trincee, fin dall'inizio della seconda Guerra mondiale, la tenuta di servizio invernale era riservasta per le occasioni formali. Un ufficiale, e quindi un gentiluomo non riceveva questa tenuta ma doveva comprarla e farsela confezionare a sue spese da un sarto. Questo orgoglioso ufficiale indossa la tenuta di servizio invernale della Royal Artillery abbinata a cappello con visiera, cinturone in cuoio Sam Browne e scarpe marroni.
2 – *Royal Army Chaplain Department, ufficiale, Italia 1944.* I primi cappellani israeliti vennero nominate durante la seconda Guerra anglo-boera. La tenuta di servizio invernale era caratterizzata da cinturone in cuoio Sam Browne e scarpe nere.
3 – *Brigata Ebraica di Combattimento, ufficiale, Italia, 1945.* Per quanto può sembrare bizzarro, non esisteva una tenuta di servizio estiva per ufficiali nell'esercito britannico. Perciò gli ufficiali di guarnigione in India si facevano confezionare una versione estiva della tenuta di servizio invernale, ma in tessuto più fine e di colore khaki, da portare con il casco coloniale. Verso metà della Guerra, sull'esempio degli ufficiali italiani venne introdotta una camicia "sahariana" a quattro tasche. Esisteva una versione per ufficiali ed una per soldati. Questa tenuta poteva anche essere utilizzata al fronte.
4 – *Pistola Webley Mk VI.* 5 – *Distintivo in metallo del Royal Army Chaplain Department.*
6 – *Distintivo in metallo della Palestine Volunteer Force, 1939-1942.* La Palestine Volunteer Force venne create nel 1939. Questo corpo, di dimensioni molto ridotte, includeva solamente soggetti britannici che vivevano in Palestina, sia cristiani, che ebrei.

Plate G – The Service Dress, 1939-1945.
1 – Royal Artillery, Officer, Palestine 1942. While in the Great War a British officer fought in the trenches dressed in the Winter Service Dress, by the beginning of the Second World War, Winter Service Dress was reserved for formal occasions. An officer was supposed to have it purchased and tailored at his own expenses. This proud officer wears the Royal Artillery Winter Service Dress with a brown Sam Browne belt and shoes together with the peaked cap.
2 – Royal Army Chaplain Department, Officer, Italy 1944. Jewish chaplains were first commissioned in the British army during the Anglo-Boer War. Their Service Dress uniform was characterized by a black Sam Browne and shoes.
3 – Jewish Brigade Group, Officer Italy 1944. There was no mandatory Summer Service Dress in the British Army! Officers serving in tropical climate as India adopted a summer Service Dress identical to the winter version but made in lighter material and in a much lighter as Khaki. By the middle of the War, most of the officers adopted an intermediate model of summer Service Dress, much more comfortable, that could be used at the front.
4 – Webley Mk VI standard side arm. 5 - Metal Badge of the Royal Army Chaplain Department.
6 – Metal Badge of the Palestine Volunteer Force, 1939-1942. The Palestine Volunteer Force was established in 1939. This very minuscule constabulary force included British subjects, Christians and Jews who lived in Mandatory Palestine.

◄ 71d - Aba Berditchev (1920-1945) (collezione dell'autore).
71d – Aba Berditchev (1920-1945) (Author's Collection).

► 71e - Haviva Reich (1914-1944) (collezione dell'autore).
71e – Haviva Reich (1914-1944) (Author's Collection).

Tav. H – Bandiere e gagliardetti, 1-7.

1 – Mandato britannico sulla Palestina: Bandiera dell'Alto Commissario.
2 - Mandato britannico sulla Palestina: Bandiera reggimentale della Palestine Police.
3 - Bandiera dell'Yishuv secondo il Dictionnaire Encyclopedique Larousse.
4 - Mandato britannico sulla Palestina: Gagliardetto di compagnia della Palestine Police.
5a – Gagliardetto di compagnia della Royal Artillery – RA.
5b - Gagliardetto di compagnia della Royal Artillery – 1st Pal. LA. A. Battery.
5c - Gagliardetto di compagnia della Royal Artillery – Granata con la scritta "Ubique".
5d - Gagliardetto di compagnia della Royal Artillery – Batteria 604, 200 Jewish Field Regiment, Royal Artillery.
6 - Brigata Ebraica di Combattimento – Bandiera reggimentale identica alla bandiera del movimento sionista.
7 - Mandato britannico sulla Palestina: Bandiera della Palestina Mandataria.

Plate H – Flags and Guidons, 1-7.

1 – Palestine Mandate: High Commissioner Flag.
2 - Palestine Mandate: Palestine Police Flag.
3 – Flag of the Yishuv according to the Dictionnaire Encyclopedique Larousse.
4 - Palestine Mandate: Palestine Police Guidon.
5a – Guidon of the Royal Artillery – RA.
5b - Guidon of the Royal Artillery – 1st Pal. LA. A. Battery.
5c - Guidon of the Royal Artillery – Bursting Grenade with the inscription "Ubique".
5d - Guidon of the Royal Artillery – Battery 604, 200 Jewish Field Regiment, Royal Artillery.
6 - Jewish Brigade Group – Regimental Flag identical to the Zionist Flag.
7 - Palestine Mandate: Mandate Ensign.

Tav. I – Distintivi in stoffa portato sulla manica dell'uniforme - Shoulder Flash, 1-10.

1-9 – Esempi vari del distintivi in stoffa portato sulla manica dell'uniforme con la scritta "Palestine". Mentre gli esempi 1-8 vennero utilizzati dall'esercito, i numeri 9-10 sono caratteristici dell'aviazione.
10 – Distintivo in stoffa portato sulla manica dell'uniforme riproducente la Stella di Davide. Questo tipo di distintivo venne utilizzato, seppure in forma leggermente diversa dalla Legione Ebraica durante la Grande Guerra. È probabile che questo distintivo sia stato utilizzato dai veterani della Grande Guerra che servivano nelle compagnie del Buffs di guarnigione in Palestina.

Plate I – Shoulder Flash Insignia, 1-10.

1-9 – Various examples of the "Palestine" Shoulder Flash. While Nos. 1-8 were utilized by volunteers in the Army, Nos. 8 and 9 were probably utilized by the volunteers in the RAF.
10 – Shoulder Insignia in the form of a Star of David or Magen David. This type of insignia was utilized, albeit in a slight different shape by the Jewish Legions during the Great War. It is probable that this insignia was sported by the volunteers in the Buffs Garrison Companies formed by World War I veterans.

Tav. J – Distintivi in metallo delle differenti unità in cui hanno servito i volontari ebrei della Palestina, 1-8.

1 – Distintivo metallico del Chaplain Corps. Questa versione del RACC venne creata esclusivamente per cappellani volontari, oriundi del Mandato. Nonostante che questo distintivo caratterizzasse esclusivamente i cappellani, venne adottato "informalmente" al posto di quello del Palestine Regiment sia da soldati che da ufficiali.
2 – Distintivo metallico portato sulla spallina dei Royal Engineers "Palestinian".
3 – Distintivo metallico portato sul copricapo della Royal Air Force.
4 – Distintivo metallico portato sul copricapo della Royal Artilley.
5 – Distintivo met. portato sul copricapo dalla Auxiliary Military Pioneer Corps.
6 – Distintivo met. portato sul copricapo della Auxiliary Territorial Service.
7 – Distintivo metallico portato sul copricapo del General Service.
8 - Distintivo metallico portato sul copricapo dei Royal Engineers.

Plate J – Metal Badges of the different corps in which the volunteers from Palestine served, 1-8.

1 – Chaplain Corps Metal Badge. This version of the RACC metal badge was made for Palestinian personel. Although intended for chaplains only, it was adopted "unofficially" by various officers, ranks and files serving in other corps or units.
2 – Royal Engineers "Palestinian" metal shoulder insignia.
3 – Royal Air Force cap metal badge.
4 – Royal Artilley cap metal badge.
5 – Auxiliary Military Pioneer Corps cap metal badge.
6 – Auxiliary Territorial Service cap metal badge.
7 – General Service cap metal badge.
8 - Royal Engineers cap metal badge.

Tav. K – The Palestine Regiment and the Jewish Brigade Group, 1-6.
1 – Distintivo metallico portato sulla spallina del Buffs Palestinian.
2 – Distintivo metallico portato sul copricapo Royal Army Service Corps.
3 – Distintivo metallico portato sul colletto della giacca della tenuta di servizio invernale degli ufficiali del Palestine Regiment.
4 - Distintivo metallico portato sul copricapo del Palestine Regiment.
5 – Scudetto in stoffa della Brigata Ebraica di Combattimento portato sulla manica dell'uniforme.
6 - Distintivi in stoffa della Brigata Ebraica di Combattimento portato sulla manica dell'uniforme.

Plate K – The Palestine Regiment and the Jewish Brigade Group, 1-6.
1 – Buffs Palestinian metal shoulder insignia. 2 – Royal Army Service Corps cap metal badge.
3 – Palestine Regiment metal officer collar insignia. 4 - Palestine Regiment cap metal badge.
5 – Jewish Brigade Group shoulder Insignia 6 - Jewish Brigade Group shoulder flash

Tav. L – Distintivi dipinti sul fianco degli autoveicoli appartenenti alle compagnie del RASC.
1 – 5 M.T. Coy. 2 – 148/ 5 W.T. Coy. 3 – 6 M.T. Coy. 4 – 178 G.T. Coy. 5 - 468 G.T. Coy.
6 – 462 G.T. Coy. 7 – 179 G.T. Coy. 8 – 406/11 W.T. Coy. 9 – 650 G.T. Coy.

Plate L – RASC Car Coys. Insignia
1 – 5 M.T. Coy. 2 – 148/ 5 W.T. Coy. 3 – 6 M.T. Coy. 4 – 178 G.T. Coy. 5 - 468 G.T. Coy.
6 – 462 G.T. Coy. 7 – 179 G.T. Coy. 8 – 406/11 W.T. Coy. 9 – 650 G.T. Coy.

Tav. M – Poster. Poster rivolto ai veterani della Grande Guerra. In inglese la scritta: "Compagnie di guarnigione", in ebraico, la scritta: "Soldati della Guerra 1914-1918 rispondete al richiamo della bandiera!".

Plate M – Poster. *Poster for volunteering in the Buffs Garrison Companies. It reads in English "Garrison Companies" and in Hebrew "Soldiers of the 1914-1918 War to the flag!"*

Tav. N – Poster. Poster rivolto al volontariato femminile. La scritta in ebraico: "Nelle tue mani vi è la possibilità di accorciare il cammino per la vittoria, arruolati nelle ATS", Palestina 1942.

Plate N – Poster. *Poster for Volunteering in the ATS. In Hebrew: "Up to you to shorten the Road to Victory, Join the ATS! Palestine 1942.*

Tav. O - Poster. Poster rivolto ai volontari nell'esercito britannico. Bilingue, in ebraico ed in inglese, la scritta: "Unisciti a me, adesso!" Palestina 1942. In piccolo, in bianco e nero, pubblicità per sapone da biancheria Izhar con gli auguri di buon anno, Palestina 1942.

Plate O – Poster. *Poster for volunteering in the British Army. It reads "Join me now" in both English and Hebrew. In small, black and white, a publicitary spot of the Izhar Soap Factory, Palestine 1942.*

Tav. P – Poster. Un poster rivolto al volontariato femminile. La scritta in inglese: "È il tuo turno, unisciti alle ATS", in ebraico "Vesti l'abito dello splendore", Palestina 1942. In piccolo, in bianco e nero, pubblicità per le sigarette Daphne, Palestina 1942.

Plate P – Poster. *Poster in English for volunteering in the ATS. It reads in English "It's Your Turn, Join the ATS", in Hebrew it reads Wear the dress of your splendour". In small a publicitary spot of the Daphne cigarettes, Palestine 1942.*

► 71f - Peretz Goldstein (1923 – 1945) (collezione dell'autore).
71f – Peretz Goldstein (1923 – 1945) (Author's Collection).

▲▼ 524 Field Survey Company, R.E., una memoria grafica

Una delle più salienti caratteristiche degli eserciti anglosassoni durante il secondo conflitto mondiale fu l'aver mantenuto un forte senso dell'umorismo nonostante le avversità.
L'umorismo anglosassone non risparmia nessuno, soldati, ufficiali, alti graduati, e naturalmente il nemico. Umorismo bonario verso l'italiano, umorismo crudele e spietato verso il Tedesco. Ma pur sempre umorismo.
Sad Sack e le caricature di Bill Mauldin di Willie and Joe su Yank sono state rivaleggiate dai Two Types di Jon, creando una letteratura grafica che pareggia le grandi opera di James Jones. Le caricature quì riprodotte vennero disegnate da un anonimo veterano della 524 Field Survey Company, R.E. e sono il suo testamento, di fatto le sue vere e proprie memorie della Campagna d'Italia.
Attraverso 60 vignette si snoda un racconto

corale, quello dei volontari, dal primo incontro con l'esercito britannico, fino alla fine della guerra ed il ritorno a casa.

In queste vignette vi sono acuti e penetranti schizzi dei giorni dell'addestramento, della routine militare, della campagna d'Italia in cui la Toscana, soprattutto le località di Bosone, La Chiocciola, e Siena hanno una parte predominante.

L'incontro con papa Pio XII, la visita a Venezia dopo la Guerra, anche loro vengono tratteggiate. Ogni momento viene quasi inquadrato e fotografato.

Il sorriso cinico del soldato che può rilassarsi durante una pausa, pisciando ai lati della strada ci coglie in pieno. Ne diveniamo complici. Così come la visita e la cena con la famiglia della "signorina". Eros domina, ma Thanatos, ahimè non è lontano.

La relazione cordiale, forse affettuosa tra la popolazione civili e questi "strani" liberatori viene ritratta in pieno. Forse queste vignette sono uno dei più bei testamenti artistici ed umoristici dell'ultimo conflitto mondiale.

Eppure per questi soldati, il *Nostos*, il ritorno fu un epopea a parte, la creazione dello Stato d'Israele attraverso la drammatica Guerra di Indipendenza tra il 1947 ed il 1948.

58. המלחמה נגמרת!

57. לפעמים אף מתארגנים בדירות האכרים

56. רוקמים יחסי ידידות עם העם האיטלקי הפשוט

60. ועוד שנה חולפת וחיילינו חוזרים ארצה לקראת שיחרורם מהצבא הבריטי

59. מפקדנו נואם לפנינו לרגלי המאורע הגדול

APPENDICE - JB WW2 POSTER

Jewish Youth volunteers for the Navy! *La gioventù ebraica è invitata ad arruolarsi volontaria nella marina!*

Help them build the Jewish Future! Support the United Jewish Appeal! *Aiutali a costruire un futuro ebraico! Supporta il fondo ebraico unito!*

La brigata che mi ha vendicato, ed il (nemico) ha pagato! Giornata del soldato israelita - 4 maggio 1945.

Non vale la pena di sfuggire al servizio militare! Arruuolati volontario nella legione ebraica! Il poster si rivolge ai veterani della Legione Ebraica della prima guerra mondiale e li invita a ripresentarsi sotto le armi.

Vladimir Jabotinsky, fondatore della Legione Ebraica. Contribuisci al Fondo Nazionale (Keren HaYesod).
Poster che invita i membri del movimento sionista revisionista ad arruolarsi nell' esercito inglese portando come esempio V. Jabotinsky uno dei fondatori della Legione Ebraica durante la prima guerra mondiale.

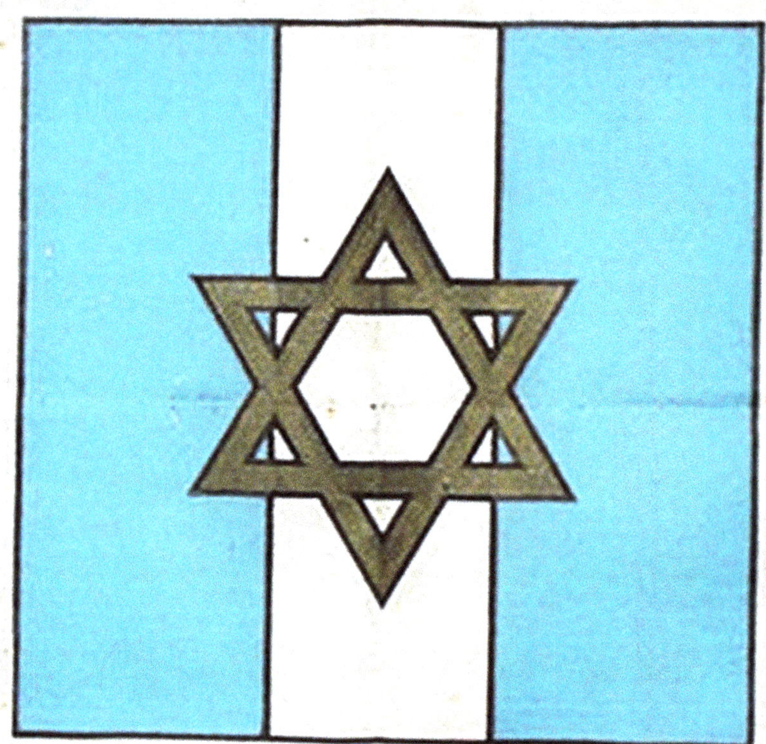

קום התגייס
לחטיבה היהודית הלוחמת!

Ha'il (acronimo di Hativah Yehudit Lochemet - Brigata Ebraica Combattente).
Alzati ed arruolati nella Brigata Ebraica Combaatente!

Arruolati (nell'esercito britannico) per liberare i poveri infelici e vendicare coloro che sono stati massacrati.
Poster di propaganda per arruolarsi nell'esercito britannico. Il soldato sulla Sicilia data il poster al 1943.

Cara sorella, raggiungici! Arruolati nell'ATS o nel servizio civile. Rivolgersi all'Agenzia Ebraica.

Esercito ebraico (in ebraico). Gli ebrei vogliono combattere come ebrei (ed in tale maniera sottolineeare il loro specifico contributo finale alla vittoria alleata). Il poster è databilecai primi anni della guerra, quando i volontari ebrei non erano stati ancora inquadrati in unità specificatamente ebraiche, ma in unità miste, come i pionieri ausiliari.

Poster disegnato dal pittore ed artista Arthur Szyk (1894-1951), un ebreo di origine polacca che viveva negli Stati Uniti, a New York. Szyk produsse un enorme quantita di poster e di manifesti per la propaganda alleata durante la seconda guerra mondiale.

BIBLIOGRAFIA - BIBLIOGRAPHY

Beckmann, M., *The Jewish Brigade, An Army with Two Masters*, London 1998.

Bentwich, N., *Brigadier Frederick Kisch: Soldier and Zionist*, London 1974.

Blum, H., *The Brigade, An Epic Story of Vengeance, Salvation, and World War II*, New York 2001.

Bonaiuri, F., Maugeri, V., *La Brigata Ebraica in Emilia - Romagna 1944-1946, Quaderni del Museo Ebraico di Bologna*, Roma 2005.

Casper, B.M., *With the Jewish Brigade*, London 1947.

Dagan, S., *The Third Battalion of the Jewish Brigade Group*, (ebraico) Tel Aviv 1996.

Gelber, Y., *History of the Volunteer Movement in the British Army I, Volunteering and its Role in Zionist Policy 1939-1942*, (ebraico), Jerusalem 1979.

Gelber Yoav, *History of the Volunteer Movement in the British Army II, The Struggle for a Jewish Army*, (ebraico), Jerusalem 1981.

Gelber Y., *History of the Volunteer Movement in the British Army III, The Flag Bearers, The Mission of the Volunteers to the Jewish People*, (ebraico), Jerusalem, 1984.

Gelber Y., *History of the Volunteer Movement in the British Army IV, Between British, Arabs, and Germans*, (ebraico), Jerusalem, 1984.

Liphsitz, Y., *The Book of the Jewish Brigade*, (ebraico) Yavneh 1952.

Rossi, R., *La Brigata Ebraica. Fronte del Senio 1945*, Imola 2005.

Segre, V., *Storia di un ebreo fortunato*, Milano 1986.

▲ 72 – I paracadutisti ebrei, membri del SOE, Doron, Berdichev and Yaari (coll. dell'autore).

72 - The Jewish SOE Parachutists Doron, Berdichev and Yaari (Author's Collection).

TITOLI PUBBLICATI - ALREADY PUBLISHING

WWW.SOLDIERSHOP.COM WWW.BOOKMOON.COM

www.ingramcontent.com/pod-product-compliance
Ingram Content Group UK Ltd.
Pitfield, Milton Keynes, MK11 3LW, UK
UKHW050147280726
14058UKWH00007B/870